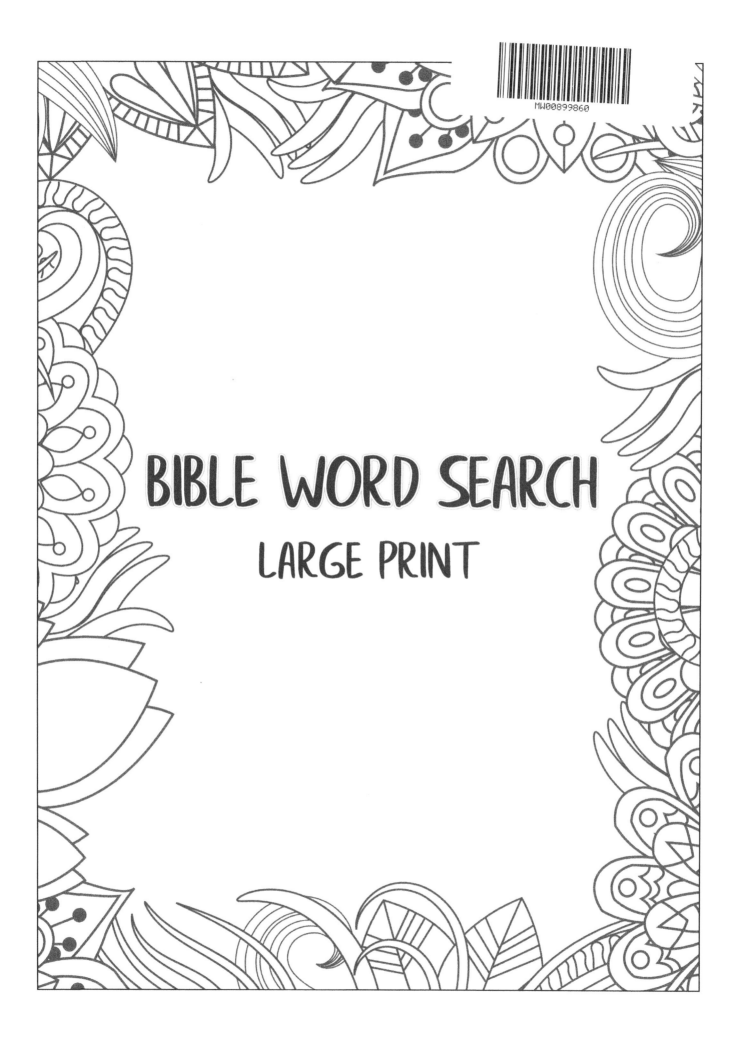

BIBLE WORD SEARCH
LARGE PRINT

CONTENTS

RULES

For each puzzle, you will be given a grid of letters, with a bible verse. Your job is to find out the hilighted words from the grid. The words can be hidden in all directions.

- Simple Level - Word/phrase is placed forward, up and down.
- Medium Level - Word/phrase is placed forward, up and down and diagonally.
- Hard Level - Word/phrase is placed forward, backward, up and down.
- Insane Level - Word/phrase is placed forward, backward, up and down and diagonally.
- Bonus - Word/phrase is placed NOT straight vertical, horizontal, or diagonal line, but bends at 90 degrees at any given letter.

Any words containing spaces will be compressed into one Word on the puzzle.
For example: COLD SNAP will be COLDSNAP.

The solutions for each puzzle are included in the back of the book.

SIMPLE LEVEL

Genesis 1:1-3

```
D E E P I N B V M E N W X M M B J I
J S S D M T D T O C T P V U H K A V
Z X O O K U A F V Y L G O D B D L C
V U D T J G R Z E E C D I I F D H W
T E F S V K S D P G V D X O J N H
Q M V I W N N R O S C Y K O R Z U E
G J P R A W E A R T H C C N M O X A
D M B R T I S Z Q G T R J R F W P V
G T X F E T S V B E G I N N I N G E
W G H H R H B C C R E A T E D G W N
V R I G S O K Y H K Z F M U L Z Q R
N W X J Y U X Z I M J Q S P I R I T
L L I G H T U C G X V M N F C O P J
L E L C X F A C E Q B S H I U K T N
Q E W W P J T J J H G Z P E G T E J
```

"In the **BEGINNING** God **CREATED** the **HEAVEN** and the **EARTH**. And the earth was **WITHOUT** **FORM**, and **VOID** and **DARKNESS** was upon the face of the **DEEP**. And the **SPIRIT** of God **MOVED** upon the **FACE** of the **WATERS**. And **GOD** said let there be light and there was **LIGHT**."

```
O  O  T  W  E  U  W  K  S  S  B  D  W  F  I  W  X  M
K  K  S  T  R  O  N  G  K  Z  O  I  P  P  P  H  X  E
N  O  E  M  Z  C  N  B  N  F  O  S  S  R  C  I  K  S
I  O  G  S  U  C  C  E  S  S  K  M  H  O  I  Z  D  B
G  P  K  M  M  G  A  O  W  M  L  A  W  S  T  K  R  J
H  A  W  E  U  D  M  O  Q  B  O  Y  X  P  Z  P  K  O
T  D  O  D  Q  F  R  I  G  H  T  E  N  E  D  R  Y  D
G  E  I  I  W  N  K  S  C  X  J  D  D  R  G  S  Y  B
I  P  I  Z  K  E  N  C  R  Q  R  J  O  J  C  L  H
B  A  V  A  P  C  O  U  R  A  G  E  O  U  S  Q  Q  E
W  R  I  T  T  E  N  S  M  S  N  K  B  S  P  Z  C  B
S  T  S  E  D  W  N  X  O  E  E  V  M  O  U  T  H  O
E  C  A  R  E  F  U  L  G  L  S  Q  T  E  W  F  J  G
R  P  S  F  R  W  G  D  Y  L  W  B  H  X  J  B  E  Z
P  T  B  S  Q  V  L  B  I  K  V  J  G  J  W  A  Y  W
```

"This **BOOK** of the **LAW** shall not **DEPART** from your **MOUTH**, but you shall **MEDITATE** on it day and **NIGHT** so that you may be **CAREFUL** and do according to all that is **WRITTEN** in it. For then you will make your **WAY PROSPEROUS** and then you will have good **SUCCESS**. Have I not commanded you? Be **STRONG** and **COURAGEOUS**. Do not be **FRIGHTENED**, do not be **DISMAYED**, for the Lord your God is with you wherever you go"

Isaiah 4:1-2

```
S  O  B  T  V  U  M  G  V  H  K  Q  C  V  Q  S  O  V
F  C  E  X  C  E  L  L  E  N  T  B  O  W  W  U  C  C
J  O  U  G  T  B  Q  E  C  O  M  E  L  Y  P  V  T  Q
R  R  R  V  E  Y  U  P  T  X  F  C  Q  Q  W  G  P  Y
T  X  J  Y  F  T  H  W  V  V  Y  Y  Q  G  J  K  H  B
J  E  G  T  N  O  W  O  K  O  U  U  S  W  V  F  T  O
Q  S  N  K  T  B  U  M  M  A  M  W  V  H  B  K  E  H
O  C  N  N  B  E  J  E  Q  S  N  X  I  J  B  X  G  P
V  A  H  A  M  A  N  N  B  V  C  R  E  B  R  E  A  D
V  P  N  F  R  U  I  T  D  A  W  A  Y  P  A  R  B  H
L  E  R  B  T  T  G  L  O  R  I  O  U  S  N  A  M  E
I  D  U  R  C  I  S  S  C  P  G  I  V  G  C  Z  Z  G
V  O  N  B  T  F  S  F  D  S  E  V  E  N  H  G  O  U
B  M  L  O  I  U  X  V  L  V  Z  M  D  Q  N  S  C  Z
Y  V  A  H  O  L  D  V  D  Y  W  B  W  E  A  R  I  F
```

"And in that day **SEVEN WOMEN** shall take **HOLD** of one **MAN** saying, we will eat our own **BREAD** and **WEAR** our own apparel: only let us be called by thy **NAME**, to take **AWAY** our reproach. In that day shall the **BRANCH** of the lord be **BEAUTIFUL** and **GLORIOUS** and the **FRUIT** of the earth shall be **EXCELLENT** and **COMELY** for them that are **ESCAPED** of Israel."

```
B  W  R  R  E  Y  F  T  Y  X  F  F  L  J  O  E  R  Z
W  F  O  R  S  S  L  Q  O  C  X  B  C  F  J  S  Y  X
Q  H  B  I  T  P  D  D  I  X  R  R  K  A  G  A  I  N
X  E  B  N  Q  B  E  F  O  R  E  M  L  U  T  S  R  W
T  A  E  P  P  P  S  A  V  E  D  X  B  U  E  S  A  E
G  R  R  I  X  S  Z  T  Y  D  A  I  W  D  N  P  B  B
V  Q  S  H  E  E  P  B  Z  L  X  Q  R  T  T  A  U  I
E  X  T  T  B  A  D  O  W  F  C  J  B  K  E  S  N  R
R  Q  H  B  Y  C  E  T  H  I  E  F  Z  D  R  T  D  E
I  N  W  O  L  O  S  Q  H  E  P  H  B  C  O  U  A  L
L  I  A  G  W  S  T  E  A  L  I  J  E  L  H  R  N  X
Y  P  B  U  D  Q  R  Q  L  I  F  E  G  A  V  E  T  B
O  O  O  W  D  O  O  R  E  F  N  D  A  S  T  P  L  J
N  U  R  P  O  X  Y  K  V  A  S  L  H  W  Z  B  Y  S
C  E  H  Q  X  D  D  R  H  O  Z  E  X  E  A  K  K  G
```

"Then said Jesus unto them **AGAIN**, **VERILY** verily, I say unto you, I am the door of the **SHEEP**, all that ever came **BEFORE** me are thieves and **ROBBERS**: but the sheep did not **HEAR** them. I am the **DOOR**: by me if any man **ENTER** in, he shall be **SAVED**, and shall go in and out and find **PASTURE**. The **THIEF** cometh not, but to **STEAL** and to kill and to **DESTROY**: I am come that they might have **LIFE**, and that they might have it more **ABUNDANTLY**."

Matthew 4:17-20

```
N G I S G N X L K V I S B O C R T B
J R M Q G T C F I S H E R S T A X R
K P E F Y I O H N N D D O S U S D M
Y G R H J M M U G C A S T I N G U B
I L S F U E S R D J L V H G O O S W
O Z Z X L D U H O H O T E V B J A A
Q G X H Y L W Q M P C S R G H D W R
V U I G W B J J G R V E W A A A K E
C V R K A B X X B E G A N L N N A P
R Z Y A L N K C J A F N O I D D V E
T S X X K S L E J C S E F L N R G N
Q V X M I F D H S H P T Z E U E F T
S I M O N I F M Q X V S A E S W M R
X L V X G G U V T A Y K N P F V J T
K E X X X D E G T R S V T S U J N B
```

"From that **TIME**, Jesus **BEGAN** to **PREACH** and to say, **REPENT**: for the **KINGDOM** of heaven is at **HAND**. And Jesus, **WALKING** by the sea of **GALILEE** saw two brethren, **SIMON** called Peter, and **ANDREW** his **BROTHER**, **CASTING** net into the **SEA**: for they were fishers. And he saith unto them, follow me and I will make you **FISHERS** of me. And they straightaway left their **NETS** and followed him."

Proverb 15: 1-3

```
O  K  F  G  J  X  A  W  Z  Z  F  C  N  E  L  U  G  E
B  H  O  X  U  T  G  R  I  E  V  O  U  S  U  L  B  S
E  S  O  L  F  N  S  Y  L  V  U  Z  M  D  O  C  J  W
H  V  L  G  O  O  D  K  N  O  W  L  E  D  G  E  Z  U
O  C  S  A  M  N  W  M  U  W  V  A  G  B  W  O  Z  Z
L  H  F  S  O  F  T  B  B  P  S  J  N  N  C  Y  I  Y
D  B  Y  K  U  V  S  A  W  A  Y  W  D  C  S  Z  V  J
I  A  K  E  T  K  W  P  A  N  G  E  R  J  X  I  V  T
N  C  U  H  H  E  P  P  J  S  U  D  R  G  T  U  V  T
G  L  Q  V  N  V  G  O  I  W  V  Z  S  U  Y  F  L  E
F  F  O  O  L  I  S  H  N  E  S  S  B  C  N  I  Z  D
Y  K  Z  M  K  L  P  J  Q  R  T  E  H  N  W  D  F  P
D  R  F  R  K  U  C  L  J  Y  I  F  L  E  V  E  R  Y
C  W  T  G  B  G  T  A  Z  G  R  S  N  G  T  C  B  E
T  O  N  G  U  E  J  L  S  A  L  T  Q  I  N  S  L  S
```

"A **SOFT** **ANSWER** turneth **AWAY** wrath: but **GRIEVOUS** words **STIR** up **ANGER**. The **TONGUE** of the wise useth **KNOWLEDGE** aright, but the **MOUTH** of **FOOLS** pour out **FOOLISHNESS**. The eyes of the Lord are in **EVERY** place **BEHOLDING** the **EVIL** and the **GOOD**."

Psalm 23:4-6

```
I  K  L  R  A  R  U  D  Q  H  B  R  H  G  I  C  B  M
O  S  H  P  I  G  R  C  H  E  I  Y  O  O  C  J  H  O
C  R  Z  D  P  G  O  D  Z  A  F  Z  Q  D  J  E  E  Q
O  Y  S  W  O  Z  G  O  C  D  T  P  U  W  G  Q  U  W
M  H  H  S  T  A  F  F  Y  P  T  S  B  E  C  G  F  D
F  R  A  M  K  H  W  K  M  R  C  T  D  L  J  Q  J  G
O  N  D  R  G  O  O  D  N  E  S  S  V  L  E  P  W  C
R  W  O  Q  Z  U  T  R  D  P  O  I  L  D  T  Y  C  B
T  E  W  T  G  S  A  O  U  A  N  V  G  E  Q  I  X  P
A  K  F  Y  T  E  B  D  F  R  A  I  X  A  H  P  T  G
T  V  J  C  K  T  L  D  A  E  V  I  L  T  H  M  K  X
K  M  B  U  P  R  E  S  E  N  C  E  G  H  X  X  Y  K
Z  S  S  Y  U  G  M  N  P  W  T  X  T  F  H  Y  B  H
J  W  Z  G  U  N  V  D  P  K  U  F  F  B  W  B  W  N
J  Z  V  R  D  R  U  Y  V  A  L  L  E  Y  B  O  Q  B
```

"Yea though I walk through the **VALLEY** of the **SHADOW** of **DEATH**, I will fear no **EVIL**: for thou art with me; thy **ROD** and thy **STAFF** they **COMFORT** me. Thou **PREPARE** a **TABLE** before me in the **PRESENCE** of my enemies: thou anointest my **HEAD** with **OIL**; my cup runneth over. Surely **GOODNESS** and mercy shall follow me all the days of my life and I will **DWELL** in the **HOUSE** of the Lord for ever."

Isaiah 6:10-11

```
L  T  F  Q  H  O  U  S  E  S  L  O  V  D  L  G  I  O
A  U  N  D  E  R  S  T  A  N  D  H  U  S  H  U  T  F
U  M  B  O  C  O  N  V  E  R  T  V  C  F  C  X  Y  A
N  O  K  C  R  C  X  J  S  C  A  V  U  Q  V  E  R  G
E  O  F  A  J  D  A  W  H  Q  I  G  X  A  Z  T  Y  F
Y  G  X  Q  X  T  Q  A  L  A  N  D  P  E  J  W  G  C
E  P  N  Q  H  O  J  S  T  Q  H  E  U  A  Z  Q  I  R
S  H  E  A  V  Y  M  T  S  P  E  S  W  Z  P  A  M  O
B  X  M  H  E  A  L  E  D  E  A  O  Y  C  H  D  G  Z
K  U  O  U  Q  W  J  D  Z  J  R  L  Z  I  B  L  Y  O
M  U  S  K  I  N  H  A  B  I  T  A  N  T  T  O  Z  Z
B  H  C  E  G  N  A  U  P  I  Z  T  H  I  C  N  V  Y
A  Q  P  K  O  W  P  E  O  P  L  E  A  E  Q  G  J  C
C  Z  Q  N  R  F  Y  S  G  V  T  C  Q  S  O  K  Y  Z
V  P  G  P  I  W  G  I  Z  W  Q  M  J  M  F  P  S  P
```

"Make the **HEART** of this **PEOPLE** fat, and make their ears **HEAVY** and **SHUT** their eyes: lest they see with their **EYES** and hear with their ears and **UNDERSTAND** with their heart and **CONVERT** and be **HEALED**. Then said I, Lord, how **LONG**? And he answered, until the **CITIES** be **WASTED** without **INHABITANT** and the **HOUSES** without man and the **LAND** utterly **DESOLATE**."

Exodus 14:13-15

```
E  H  Q  F  A  O  Q  M  S  D  V  T  A  T  A  W  N  V
K  K  S  T  I  L  L  D  A  F  K  X  R  T  I  O  M  N
P  E  A  C  E  F  U  K  L  O  O  U  D  S  K  U  C  Y
U  Q  R  V  V  B  O  E  V  R  G  K  F  E  A  R  R  K
B  Q  V  V  G  I  S  R  A  E  L  I  T  E  S  J  N  A
R  Z  K  T  O  R  P  E  T  V  R  K  M  X  W  X  Z  G
N  U  C  R  Y  I  N  G  I  E  P  E  O  P  L  E  G  O
Q  E  X  I  Z  O  R  Y  O  R  K  S  S  Q  O  O  H  N
F  K  A  I  V  R  B  P  N  M  V  C  E  L  R  H  S  X
U  O  L  A  S  W  W  T  F  R  C  F  S  K  D  U  T  Q
O  J  N  L  T  F  W  I  T  T  L  S  K  X  D  V  M  A
E  Y  A  G  A  I  N  A  U  E  F  P  W  K  Q  H  M  C
G  E  Q  H  N  G  M  N  A  L  V  G  E  Y  X  J  G  I
U  H  O  L  D  H  W  S  W  Q  S  G  F  Y  R  Q  X  I
R  J  T  G  K  T  X  V  F  U  R  W  Z  O  A  C  A  Y
```

"And **MOSES** said unto the **PEOPLE**, **FEAR** ye not, **STAND STILL**, and see the **SALVATION** of the **LORD**, which he will shew to you to day: for the **EGYPTIANS** whom ye have seen to day, ye shall see them **AGAIN** no more **FOREVER**. The Lord shall **FIGHT** for you, and ye shall **HOLD** your **PEACE**. Then the LORD said to Moses, "Why are you **CRYING** out to me? Tell the **ISRAELITES** to move on."

1 Chronicles 4:9-10

```
W  M  B  L  E  S  S  R  W  Z  T  S  E  C  R  M  A  N
H  O  W  Z  M  R  E  D  E  S  V  S  N  F  G  C  M  I
V  T  L  P  H  H  G  R  I  E  V  E  G  B  E  N  H  U
I  H  S  S  O  B  H  N  G  H  O  N  O  R  A  B  L  E
M  E  E  H  C  O  A  S  T  P  D  U  D  E  V  I  L  K
K  R  G  F  K  D  N  T  Z  M  H  Z  C  T  D  D  B  V
X  A  P  K  R  Y  D  O  A  I  R  C  S  H  X  Z  A  Y
F  N  L  K  E  L  J  J  G  G  G  V  R  R  X  E  R  P
S  V  Y  M  H  A  L  W  I  S  B  T  I  E  V  R  E  U
V  F  J  E  M  I  F  M  S  O  Q  N  G  N  H  N  Z  D
T  J  Y  P  G  S  B  W  Q  R  Z  Y  O  H  T  A  T  C
U  A  S  T  X  R  S  O  B  R  I  F  Y  E  C  B  H  Q
X  B  E  N  L  A  R  G  E  O  Z  S  V  M  U  Z  I  R
R  E  F  C  N  E  W  V  I  W  B  A  A  B  O  C  N  Y
C  Z  U  B  C  L  W  L  A  N  M  F  G  E  U  B  E  Y
```

"And **JABEZ** was more **HONORABLE** than his **BRETHREN**: and his **MOTHER** called his name Jabez, saying, Because I **BARE** him with **SORROW**. And Jabez called on the **GOD** of **ISRAEL** saying, Oh that would **BLESS** me indeed, and **ENLARGE** my **COAST**, and that **THINE HAND** might be with me, and that thou would keep me from **EVIL**, that it may not **GRIEVE** me! And God granted him that which he requested.

John 15:1-4

```
V  L  B  N  F  S  L  H  T  R  B  I  I  B  T  X  X  A
M  I  N  G  T  Q  F  R  U  I  T  W  K  B  Q  N  W  S
W  E  T  R  U  E  B  H  B  O  M  M  K  N  C  C  X  S
X  J  F  E  A  W  A  Y  E  Q  T  N  E  Y  E  U  E  E
K  H  N  E  W  S  H  B  G  E  P  O  K  B  E  A  R  U
D  L  N  G  H  D  H  Z  K  U  F  A  W  X  V  Q  R  S
A  E  N  V  U  D  G  A  B  I  D  E  W  T  E  E  M  W
R  I  P  S  S  Y  M  W  D  F  P  L  Z  F  W  F  J  W
O  B  K  R  B  C  F  N  G  K  C  L  E  A  N  V  X  G
H  A  B  R  A  N  C  H  E  X  C  E  P  T  F  I  N  E
S  G  S  T  N  B  E  Z  G  F  O  R  T  H  Q  F  I  Q
W  Y  V  D  D  R  H  Q  V  P  U  R  G  E  S  X  F  S
T  Q  I  K  M  I  R  F  G  W  I  R  J  R  P  K  V  U
A  D  N  A  A  N  A  W  O  R  D  A  I  G  G  L  S  X
O  V  E  M  N  G  A  Q  G  I  F  P  P  L  U  O  E  V
```

"I am the **TRUE** **VINE**, and my **FATHER** is the **HUSBANDMAN**. Every **BRANCH** in me that **BEAR** not **FRUIT** he takes **AWAY**: and every branch that bear fruit, he **PURGE** it, that it may **BRING** **FORTH** more fruit. Now ye are **CLEAN** through the **WORD** which I have spoken unto you. **ABIDE** in me and I in you. As the branch cannot bear fruit of itself, **EXCEPT** it abide in the vine; no more can ye, except ye abide in me".

Isaiah 60:1-3

```
E V B K I U G S V E A R T H C J D C
D E W Z N Q V C F K J X P I V D I L
U E A R I S E E P S H I N E B J G R
S F L T G L O R Y G L I G H T G D I
X R F O K E C P T F V H N K I N G S
B L W O G W I G E N T I L E S F V E
R N R L P Y N C D A R K N E S S J N
I T K W W L V X K P L O K H U Q A P
G A X R Z X C O G F E N I I J D O M
H Y N D C R O S S C P E O P L E N Y
T G L T K L V W H L Z C Z O O P A L
N A P P K C E L L A K V V E R A F X
E S S Z I H R I Y U M T G T D S V N
S R S Q D P A D B U S B U O U E O Q
S C I W Q M W O P V N V F C O M E V
```

"**ARISE**, **SHINE**; for thy **LIGHT** is **COME**, and the **GLORY** of the **LORD** is **RISEN** upon thee. For, behold, the **DARKNESS** shall **COVER** the **EARTH**, and **GROSS** darkness the **PEOPLE**: but the Lord shall arise upon thee, and his glory shall be seen upon thee. And the **GENTILES** shall come to thy light, and **KINGS** to the **BRIGHTNESS** of thy rising"

Psalm 9:1-4

```
Z Y C K O R I U A A Y F W W D E E T
X C M P R E S E N C E Z F O Q X B X
P U H Y F J I T Y K Y F B R X B G C
E O F N Z O D I X L G T F K F L P J
R P D E I I C W H O L E Z S O F C S
I D H X G C B G J P S M F U V J L N
S N C G M E W Y Z Q M D J R I O E G
H U Z L A Z T Q S P W Z S E W M G N
C H E A R T C Q Y F D C D R E H J O
X I N D V A F N P R F P J O Q Y X E
J G A M E T B M R J A Z I W V Q J A
H H M F L W C L A G L T L S I N G F
Q Y E X O C N W I V L U W L U Z U R
Y F M R U A O Y S G F S H O W G Y I
H G M O S V E N E M I E S K V L U U
```

"I will **PRAISE** thee, O Lord, with my **WHOLE HEART**; I will **SHOW** forth all thy **MARVELOUS WORKS**. I will be **GLAD** and **REJOICE** in thee: I will **SING** praise to thy **NAME**, O thou most **HIGH**. When mine **ENEMIES** are turned back, they shall **FALL** and **PERISH** at thy **PRESENCE**. "

Exodus 16:29-31

```
M I Y O K M S P Z X E V M U M K T C
O T T I N V G D V P U Q I S R A E L
V N S Z A O O K N D T F V O R Z C R
V D P B X B X H X I O C D A T V W X
A O J D V F G J S C T T L R D W H Z
X B R E A D Z E P C M R T E V R I N
W E U I W M K Q K X A V I S I X T H
A Q Q U S V V D W L N U X T V T E O
Y R B R S C S E V E N T H E H A V U
O E X L A G H R Z I A B K D O J D S
B M O X B I S P U T S C V V N E Z E
Q A Y J B C O R I A N D E R E A V Y
R I T P A W T C Q S E E D M Y D J E
S N C J T N Y P F T W A F E R S L K
X D J B H Z L N S E Q F J T F L P H
```

"See! For the Lord has given you the **SABBATH**; therefore He gives you on the **SIXTH** day **BREAD** for two days. Let every man **REMAIN** in his place; let no man go out of his place on the **SEVENTH** day." So the people **RESTED** on the seventh day. And the **HOUSE** of **ISRAEL** called its name **MANNA**. And it was like **WHITE** **CORIANDER** **SEED**, and the **TASTE** of it was like **WAFERS** made with **HONEY**."

Romans 10:8-10

```
G  G  T  J  M  B  P  F  K  L  T  Z  M  T  I  U  D  Z
A  M  Z  D  H  E  I  E  W  Z  V  F  M  G  Y  L  M  B
D  E  A  D  F  L  Y  F  M  D  R  R  I  C  F  O  O  J
K  O  O  B  A  I  P  H  I  E  N  U  I  O  W  Z  U  L
B  B  E  L  I  E  V  E  C  O  N  F  E  S  S  H  T  W
Q  F  S  L  T  V  H  G  Z  H  J  W  E  G  W  X  H  A
E  X  A  H  H  E  S  X  B  O  V  W  O  R  D  F  P  Z
C  O  N  F  E  S  S  I  O  N  U  Q  O  C  P  I  D  E
Z  G  I  N  J  R  I  G  H  T  E  O  U  S  N  E  S  S
R  H  P  H  P  R  E  A  C  H  E  A  R  T  X  U  R  B
I  M  S  S  Y  C  G  L  D  J  S  A  A  C  T  K  P  P
Z  L  X  A  V  T  S  A  L  V  A  T  I  O  N  S  M  T
W  F  G  V  W  T  A  T  I  C  L  G  B  U  F  I  V  T
F  O  C  E  U  M  F  D  G  H  K  Y  G  T  H  M  Y  K
U  G  O  D  C  D  R  A  I  S  E  D  N  Z  P  M  H  Q
```

"But what does it say? "the **WORD** is near you, in your **MOUTH** and in your **HEART** (that is, the word of **FAITH** which we **PREACH**): that if you **CONFESS** with your mouth the Lord and **BELIEVE** in your heart that **GOD** has **RAISED** Him from the **DEAD**, you will be **SAVED**. For with the heart one **BELIEVES** unto **RIGHTEOUSNESS**, and with the mouth **CONFESSION** is made unto **SALVATION**. "

Amos 3:3-5

```
W X D S Y N T R T Q N L L O L S I S
T T I L T S Q X I Q K S U Y O U N G
K P X M N X G M X E Y C R Q W R X Q
X R F O S I F C B Q W R Q W S G H R
Y E W W P H Y H I Z A T Z Q M L Q A
E Y Z W L D E N R R L Q N G I J S G
P U S K N T A L D X K W M O T C L R
R P I P M H R I R O A R L V Q V X E
H C A U G H T O E G N F S S X Y E E
O X S Q R K H N L B W O W P P R H D
Y M Z Y W V H J S N A R E R C Y W K
T R A P Q W B D V S X E G I G U Y N
W V O A N O T H I N G S G N R T L Z
M G G T Z C Q P L Z M T T G N S T F
J Y Y H W S T M U U Q P B K H A A E
```

"Can two **WALK** together, unless they are **AGREED**? Will a **LION ROAR** in the **FOREST**, when he has no **PREY**? Will a **YOUNG** lion cry out of his **DEN**, if he has **CAUGHT** nothing? Will a **BIRD** fall into a **SNARE** on the **EARTH**, where there is no **TRAP** for it? Will a snare **SPRING** up from the earth, if it has caught **NOTHING** at all? "

John 10:1-3

```
Y  X  S  D  G  F  N  B  V  O  I  C  E  N  T  E  R  S
N  S  T  W  W  Y  G  T  K  N  H  L  P  Q  O  P  I  X
R  D  K  P  G  I  T  R  E  W  T  N  S  S  D  L  N  S
J  Z  M  U  E  W  R  I  Q  V  Z  F  N  H  L  L  I  A
S  R  I  F  C  X  H  R  V  T  O  V  A  E  O  D  T  Y
O  Z  S  P  C  B  F  N  R  D  X  O  M  E  L  O  J  W
L  I  H  K  C  L  I  M  B  S  H  E  E  P  F  O  L  D
C  V  G  Y  G  E  P  A  N  O  W  K  L  X  X  R  R  A
X  Q  B  F  W  A  A  J  H  E  A  R  S  Y  V  K  Y  C
Y  C  M  X  W  D  A  M  Q  D  S  H  E  P  H  E  R  D
F  E  T  Q  F  S  B  Y  W  A  W  M  A  V  N  E  P  F
C  A  H  O  I  A  D  C  P  D  O  O  R  I  K  P  Z  R
V  M  I  F  Y  O  X  O  C  E  Y  N  P  Y  L  E  K  C
J  Z  E  B  Q  H  U  R  O  B  B  E  R  J  X  R  D  M
N  Y  F  U  K  X  P  S  C  R  H  N  J  E  N  T  E  R
```

"Verily I **SAY** to you, he who does not **ENTER** the **SHEEPFOLD** by the **DOOR**, but **CLIMBS** up some other way, the same is a **THIEF** and a **ROBBER**. But he who **ENTERS** by the door is the **SHEPHERD** of the **SHEEP**. To him the **DOORKEEPER** opens, and the sheep **HEAR** his **VOICE**; and he calls his own sheep by **NAME** and **LEADS** them out."

John 1:1-5

```
Y  D  S  N  S  V  V  X  C  U  B  E  L  I  D  C  V  Z
E  N  A  I  Z  L  I  N  B  M  E  N  P  M  T  O  D  B
K  O  K  O  W  I  T  H  O  U  T  E  X  W  M  M  G  Q
U  T  M  S  R  G  T  H  I  N  G  S  L  V  O  P  X  X
V  H  F  Y  Z  H  S  V  L  J  J  J  E  U  Z  R  P  G
H  I  M  F  S  T  T  S  B  R  J  S  Q  R  E  E  R  Q
O  N  C  I  C  H  W  D  A  R  K  N  E  S  S  H  P  Z
Q  G  O  Q  P  G  C  H  X  W  W  R  I  D  Z  E  B  Q
F  K  N  N  S  Q  W  C  B  E  G  I  N  N  I  N  G  P
Q  Z  D  S  F  S  W  D  M  J  O  V  X  T  Y  D  M  X
F  N  R  W  U  H  A  B  A  P  D  W  C  J  W  R  U  W
P  A  W  O  R  Z  S  B  D  X  Z  Y  W  G  C  G  L  O
V  Z  W  A  L  C  Z  K  E  L  I  F  E  Z  Q  T  Z  J
Z  W  O  R  D  X  Y  S  P  J  S  H  I  N  E  S  T  V
C  H  Y  O  M  M  J  Y  P  X  A  W  W  N  Y  D  D  J
```

"In the **BEGINNING** was the **WORD**, and the word was with **GOD**, and the word was God. He **WAS** in the beginning with God. All **THINGS** were **MADE** through **HIM**, and **WITHOUT** him **NOTHING** was made that was made. In him was **LIFE**, and the life was the **LIGHT** of **MEN.** And the light **SHINES** in the darkness and the **DARKNESS** did not **COMPREHEND** it. "

Romans 12:1-2

```
C  N  R  E  A  S  O  N  A  B  L  E  S  C  O  Y  W  O
Q  P  Y  J  O  J  X  G  U  Q  B  E  C  B  R  A  S  V
J  P  E  S  E  R  V  I  C  E  X  N  O  Z  E  K  D  P
U  V  S  P  E  R  F  E  C  T  J  N  N  R  N  P  O  V
A  C  C  E  P  T  A  B  L  E  A  H  F  L  E  Z  R  L
Q  H  N  S  H  O  L  Y  F  U  A  H  O  A  W  G  A  X
Z  B  X  A  Z  D  E  X  R  S  L  S  R  R  I  T  B  K
X  E  L  C  W  I  P  M  Z  Q  U  K  M  M  N  L  R  P
D  S  P  R  E  S  E  N  T  Q  I  V  E  E  G  E  E  S
X  E  W  I  M  M  L  I  V  I  N  G  D  R  I  F  T  S
I  E  T  F  S  U  V  F  J  A  T  P  W  C  X  P  H  F
V  C  V  I  H  S  B  W  N  C  M  G  M  I  I  A  R  S
J  H  B  C  T  L  G  G  J  P  R  O  V  E  W  T  E  Q
S  R  C  E  Z  V  R  N  C  N  E  F  O  S  K  A  N  B
Y  S  H  A  M  T  R  A  N  S  F  O  R  M  E  D  T  F
```

"I **BESEECH** you therefore, **BRETHREN** by the **MERCIES** of God, that you **PRESENT** your bodies a **LIVING SACRIFICE**, **HOLY**, **ACCEPTABLE** to God, which is your **REASONABLE SERVICE**. And do not be **CONFORMED** to this world, but be **TRANSFORMED** by the **RENEWING** of your mind, that you may **PROVE** what is that good and acceptable and **PERFECT** will of God. "

2 Corinthians 5:16-17

```
A  B  W  V  I  Q  Y  K  N  K  N  X  F  S  J  S  I  K
O  L  O  N  G  E  R  S  G  V  I  L  N  F  B  O  D  C
G  O  E  Y  Q  K  X  N  C  F  T  U  B  U  A  U  Q  B
N  G  Z  J  C  O  L  D  I  G  C  C  B  E  C  O  M  E
G  Y  G  J  C  C  X  M  X  P  D  P  D  Z  C  Y  X  M
W  E  R  E  G  A  R  D  T  T  J  A  E  X  O  K  G  Z
S  I  T  S  N  P  X  L  B  V  U  S  X  Q  R  Z  O  J
C  H  R  I  S  T  L  W  N  O  S  S  P  V  D  E  M  Z
M  T  U  I  V  B  V  Q  P  C  R  E  A  T  I  O  N  H
J  G  P  W  J  O  C  N  E  W  Y  D  M  H  N  Y  F  K
R  E  H  F  L  E  S  H  I  H  X  T  V  Q  G  L  N  N
M  Q  C  T  H  I  N  G  S  N  T  I  N  D  O  N  L  O
J  Z  S  W  T  N  E  W  C  L  B  S  X  H  U  O  D  W
V  E  K  G  K  Y  G  Z  S  F  A  N  Y  O  N  E  P  K
R  W  C  L  B  E  H  O  L  D  A  W  A  Y  R  C  I  U
```

"Therefore, from now on, we **REGARD** no one **ACCORDING** to **FLESH**. Even though we have **CHRIST** according to the flesh, yet now we **KNOW** Him thus no **LONGER**. Therefore if **ANYONE** is in Christ, he is a **NEW CREATION**; **OLD** things have **PASSED AWAY**; **BEHOLD** all **THINGS** have **BECOME** new."

Exodus 19:5-6

```
G B P X O H N M Q I R J W M T W X X
C I O P T J J I U Q K T M I M W N N
W F S Q K T F N T J D P L U C P A P
C K S S I F N E V K I N G D O M P R
O B E Y F X A W D E A R T H Y F B I
M P S X B W T R E A S U R E D E N E
Z N S I W U I V I S R A E L I T E S
T Q I J V B O H S L K Y Y F S B P T
B W O R D S N I L E W H O L E J X S
B X N X Y N F D U F X K I X G Z Y P
N F T U D W L D I X O X S R V B I E
Q U P Q C G C O V E N A N T G F A A
B L H V Y D V S O U N R D Y S F G K
Y L H X W C E V K S W G O S L I F N
D Y K E E P N X T M R R L B B C H A
```

"Now if you **OBEY** me **FULLY** and **KEEP** my **COVENANT**, then out of all nations you will be my **TREASURED POSSESSION**. Although the **WHOLE EARTH** is **MINE**, you will be for me a **KINGDOM** of **PRIESTS** and a holy **NATION**.' These are the **WORDS** you are to **SPEAK** to the **ISRAELITES**."

Genesis 9:1-3

```
S  F  H  B  H  Z  O  G  X  K  M  U  L  T  I  P  L  Y
A  X  Q  I  I  L  F  Q  O  P  O  W  N  A  F  Y  K  A
I  H  E  R  B  S  I  H  O  P  G  I  J  I  O  W  M  A
D  U  F  D  Q  R  S  A  F  Q  S  Y  M  D  O  T  O  F
R  E  U  B  P  R  H  N  A  Y  R  S  E  J  D  A  V  Y
E  P  X  C  V  D  P  D  L  C  U  J  T  K  B  T  I  I
A  V  R  S  E  A  I  Y  L  X  Q  Y  A  J  M  Y  N  G
D  G  U  F  J  I  L  F  Q  L  D  X  H  Y  O  E  G  R
C  R  D  J  F  R  G  R  V  S  U  O  M  L  V  G  N  X
S  E  U  N  H  B  U  U  Y  D  A  J  U  P  E  N  A  H
T  E  N  A  L  E  D  I  Q  U  N  I  W  I  T  G  D  S
E  N  R  S  K  C  S  T  I  X  O  I  D  B  E  A  S  T
I  H  I  Y  O  Z  B  F  E  X  A  F  Y  Z  B  N  P  R
C  Y  T  P  O  D  F  U  X  J  H  C  M  I  T  J  S  G
H  Z  E  M  Z  F  H  L  D  M  B  B  B  M  W  N  N  K
```

So God blessed **NOAH** and his sons, and said to them: "Be **FRUITFUL** and **MULTIPLY**, and fill the earth. And the fear of you and the **DREAD** of you shall be on every **BEAST** of the earth, on every **BIRD** of the **AIR**, on all that **MOVE** on the earth, and on all the **FISH** of the **SEA**. They are given into your **HAND**. Every **MOVING** thing that lives shall be **FOOD** for you. I have given you all things, even as the **GREEN HERBS**.

Numbers 23:19-21

```
V  U  E  I  P  V  M  W  S  T  Y  P  Q  K  L  G  L  G
G  D  P  N  I  A  I  J  R  U  Y  H  R  F  V  P  U  V
P  B  O  W  N  O  B  L  E  S  S  T  N  M  A  N  O  L
Q  C  O  I  I  O  D  R  B  B  E  S  J  B  L  J  U  C
N  I  J  C  Q  O  O  K  L  V  W  K  I  N  G  D  T  S
G  Z  I  K  U  B  U  E  V  Z  B  Y  O  I  I  M  A  Z
R  E  C  E  I  V  E  D  B  M  T  G  Y  Z  A  A  P  O
C  R  O  D  T  W  O  T  V  Z  P  Y  H  R  O  N  G  J
V  F  M  N  Y  S  V  A  I  A  P  A  T  E  B  L  S  I
E  R  M  E  H  P  S  C  W  V  S  S  W  V  E  U  O  Q
N  L  A  S  G  J  S  E  Y  I  T  P  R  E  P  E  N  T
W  Z  N  S  O  A  H  T  G  H  U  O  I  R  U  R  K  C
Q  F  D  Q  O  C  O  R  K  B  B  K  V  S  O  X  D  Z
M  R  M  S  D  O  U  I  S  R  A  E  L  E  Q  P  Q  B
C  A  N  Z  C  B  T  U  Q  N  D  N  W  D  C  W  A  L
```

"God is not a **MAN**, that He should lie, Nor a **SON** of man, that He should **REPENT**. Has he said, and will He not do? Or has he **SPOKEN**, and will He not make it **GOOD**? Behold, I have **RECEIVED** a **COMMAND** to **BLESS**; He has blessed, and I cannot **REVERSE** it. He has not observed **INIQUITY** in **JACOB**, Nor has He seen **WICKEDNESS** in **ISRAEL**. The Lord his God is with him, and the **SHOUT** of a **KING** is among them"

Psalm 56:1-4

```
P  A  K  Z  C  U  T  Q  X  F  E  A  R  D  M  Q  S  P
Z  B  W  F  L  G  B  N  F  K  V  X  Q  V  G  M  B  L
H  F  S  X  W  T  E  K  B  D  P  G  Z  F  U  J  S  L
K  U  M  I  W  R  O  C  C  Z  D  Y  W  N  S  E  O  K
I  D  D  G  E  F  V  X  Z  L  W  E  N  E  M  I  E  S
N  Z  F  O  Z  L  E  L  H  I  L  V  G  Y  W  S  K  B
K  G  N  D  O  E  S  Q  S  C  P  V  F  X  H  W  Z  F
T  S  A  W  R  S  E  S  D  A  G  D  I  M  M  A  P  H
G  J  M  Z  L  H  M  U  A  F  R  A  I  D  O  L  K  N
Q  L  Y  V  H  M  E  R  C  I  F  U  L  H  S  L  V  J
F  I  G  H  T  I  N  G  A  S  B  E  L  H  T  O  R  F
W  H  F  O  A  O  P  P  R  E  S  S  E  S  Z  W  Z  I
W  I  T  U  S  G  N  R  B  G  A  D  C  L  X  R  U  G
Z  G  B  N  N  T  R  U  S  T  H  H  P  D  C  X  C  H
T  H  K  D  D  A  Y  B  Z  G  Y  W  O  O  M  O  D  T
```

"Be **MERCIFUL** to me, O **GOD**, for man would **SWALLOW** me up; **FIGHTING** all day he **OPPRESSES** me. My **ENEMIES** would **HOUND** me all **DAY**, for there are many who **FIGHT** against me O **MOST HIGH**. Whenever I am **AFRAID**, I will **TRUST** in You. In God I have put my trust; I will not **FEAR**. What can **FLESH** do to me?"

Psalm 96:1-4

```
N E W S R H U T Y X W Q W X K R Q O
B X O B W Y D Q J F E A R E D R Y H
L R N M D Q W A J X T V Y L P P V Q
E Q D X E R S I N G R T G R U E O I
S F E P F P E P F N A T I O N S C X
S J R R C K A U H D R X K N D K I A
T R S F B P R Y D S O N G R E A T N
G Y D H I V T F K J M G L L C J K K
X P J Q Y C H E A W P R O C L A I M
S O Y U Q B Z U G O K K S O A Z L T
Z L G I S E C S G K I D R H R C R H
U S A L G R Q Q C U P N A M E D M N
T G L O R Y G O V K W X D H P W X G
S S A L V A T I O N V T R B F K K J
I P R A I S E D N D T Y J A E D Q V
```

"Oh, sing to the Lord a new **SONG**! **SING** to the Lord, all the **EARTH**. Sing to the Lord, **BLESS** His **NAME**; **PROCLAIM** the good **NEWS** of His **SALVATION** from day to day. **DECLARE** his **GLORY** among the **NATIONS**. His **WONDERS** among all peoples. For the Lord is **GREAT** and greatly to be **PRAISED**; He is to be **FEARED** above all gods."

MEDIUM LEVEL

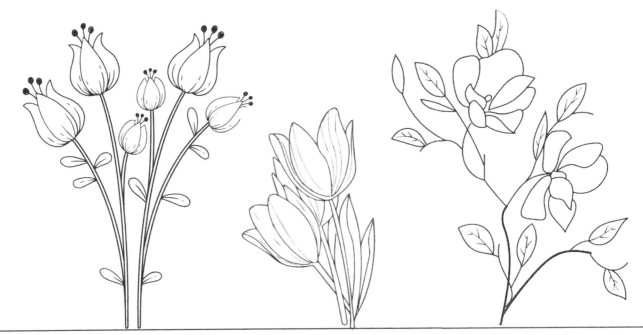

Psalm 27:4-5

```
K Q R A Y H H P T B E A U T Y M R N
W T I I P E F X A Q H F N Y A S K Z
G F K K D L W Z P J J E Z K I B J R
H Z G S A F E I K R T K I U V J N J
I L W Y H T E M P L E S N M M J A O
G C D Q H E R D D U S F H A D P D D
H O U S E O L O O F X K O P V C J Y
U A K E Z P H T U M X B W E T V A R
N D Z Q L U U P E B N H V L K H S Z
R A S Q R I O G S R L S L T K B J T
G Y A E B A F Q M K S E J F Q E I J
I S C L N P O E U M W E W H S P E H
F Z R O C K L O R D M K Y M I M V P
T F E R D W E L L I N G A W D D P K
B B D L T N X K D M I N W G T X E P
```

"One thing I **ASK** from the **LORD**, this only do I **SEEK**: that I may **DWELL** in the **HOUSE** of the Lord all the **DAYS** of my **LIFE**, to **GAZE** on the **BEAUTY** of the Lord and to seek him in his **TEMPLE**. For in the day of **TROUBLE** He will **KEEP** me **SAFE** in his **DWELLING**; he will **HIDE** me in the **SHELTER** of his **SACRED** **TENT** and set me **HIGH** upon a **ROCK**."

```
G  X  R  Z  L  F  E  L  B  L  I  G  H  T  W  J  Q  Z
P  G  L  O  R  I  O  U  S  S  H  R  E  S  O  N  N  P
G  E  S  H  A  R  E  H  K  Z  S  R  Q  X  L  B  U  B
S  Q  P  T  S  U  J  D  U  Q  U  A  L  I  F  I  E  D
Q  W  T  V  F  J  O  Y  F  U  L  B  F  W  T  Z  N  I
I  N  H  E  R  I  T  A  N  C  E  K  X  W  S  O  D  C
D  S  T  R  E  N  G  T  H  E  N  E  D  K  W  B  U  C
P  Z  H  N  H  P  V  Z  D  O  M  I  N  I  O  N  R  F
N  A  G  I  V  I  N  G  Q  E  Y  A  V  G  R  E  A  T
Z  O  T  O  V  R  S  T  J  H  H  W  W  Z  B  A  N  B
Q  C  B  I  L  F  Z  N  F  T  J  P  V  H  E  N  C  X
C  H  V  R  E  S  C  U  E  D  P  E  O  P  L  E  E  W
N  Y  L  E  W  N  Y  L  V  H  B  N  F  W  R  T  R  O
K  M  I  G  H  T  C  Y  T  H  N  W  J  G  E  K  J  O
B  R  O  U  G  H  T  E  K  I  N  G  D  O  M  R  R  I
```

"Being **STRENGTHENED** with all **POWER** according to his **GLORIOUS MIGHT** so that you may have **GREAT ENDURANCE** and **PATIENCE**, and **GIVING JOYFUL THANKS** to the Father, who has **QUALIFIED** you to **SHARE** in the **INHERITANCE** of his holy **PEOPLE** in the **KINGDOM** of **LIGHT**. For he has **RESCUED** us from the **DOMINION** of darkness and **BROUGHT** us into the kingdom of the **SON** he loves"

Philippians 4:4-7

```
L O Y Z C I P C A O E A U T I U O V
T O H U S E W R A L V K C H Z A A P
Z Q E U D Q C P E H I L H A E L N S
P B S R L T O E T S D X R N S W X P
N E A U Q I Z A T M E V I K P A I R
J U A R E J O I C E N N S S Q Y O A
G I L C D E G B L X T O T G K S U Y
Q O E G E N T L E N E S S I H N S E
S I T U A T I O N U U M O V Y E A R
P Y P E T I T I O N M E I I J A G A
P E B T R A N S C E N D S N B R O I
X U N D E R S T A N D I N G D O R B
Q V T I R G T L R R R E Q U E S T S
U J U H M V L N T J Y U G M D V E L
E G B N A Q I H E A R T S O I T Q I
```

"**REJOICE** in the Lord **ALWAYS**. I will say it again: Rejoice! Let your **GENTLENESS** be **EVIDENT** to all. The Lord is **NEAR**. Do not be **ANXIOUS** about anything, but in every **SITUATION**, by **PRAYER** and **PETITION**, with **THANKSGIVING**, **PRESENT** your **REQUESTS** to God. And the **PEACE** of God, which **TRANSCENDS** all **UNDERSTANDING**, will **GUARD** your **HEARTS** and your **MINDS** in **CHRIST JESUS**."

```
B  W  F  U  J  R  C  O  M  E  X  W  S  G  O  D  I  F
K  B  O  C  S  P  R  X  I  X  R  V  U  F  J  W  H  R
J  M  E  L  I  M  X  H  O  C  O  H  L  H  X  L  F  T
P  H  M  E  N  F  I  H  O  Y  E  V  E  R  Y  O  N  E
U  B  L  A  C  K  I  N  G  L  Y  Y  E  A  R  V  T  G
U  K  V  R  R  T  Z  O  Y  A  Y  L  S  R  R  E  F  E
P  S  S  N  E  Z  I  P  W  E  P  Z  L  U  F  T  U  U
Q  F  D  J  A  K  E  G  Y  X  G  O  T  V  P  L  S  C
X  W  B  T  S  E  A  R  N  E  S  T  L  Y  N  P  O  G
P  R  E  S  E  N  C  E  J  I  E  F  A  I  T  H  L  W
X  O  Z  U  R  S  T  R  E  N  G  T  H  E  N  R  S  Y
Y  D  G  F  A  T  H  E  R  Z  F  A  K  N  Z  E  X  T
N  I  G  H  T  M  A  K  E  L  T  B  F  N  V  Q  X  Y
B  L  A  M  E  L  E  S  S  Y  C  T  Y  E  R  U  B  Q
M  B  S  M  M  G  A  H  I  P  Z  Y  A  M  E  R  J  Q
```

" **NIGHT** and day we pray most **EARNESTLY** that we may see you again and **SUPPLY** what is **LACKING** in your **FAITH**. Now may our **GOD** and **FATHER** himself and our Lord Jesus **CLEAR** the **WAY** for us to **COME** to you. May the Lord **MAKE** your **LOVE** **INCREASE** and **OVERFLOW** for each other and for **EVERYONE** else, just as ours does for you. May he **STRENGTHEN** your **HEARTS** so that you will be **BLAMELESS** and **HOLY** in the **PRESENCE** of our God and Father when our Lord Jesus comes with all his holy ones."

Malachi 3:10-11

```
T  R  D  W  S  T  O  R  E  H  O  U  S  E  O  G  Y  E
V  Q  B  I  M  F  D  E  C  C  R  O  A  R  Q  S  K  O
L  N  D  N  L  N  M  I  D  F  E  X  V  Q  Z  A  W  S
D  Q  J  D  B  X  Z  V  Z  M  B  V  Q  H  S  R  B  Z
E  L  O  O  F  L  R  M  L  B  U  Q  H  E  G  I  U  R
V  K  U  W  Y  I  E  E  J  M  K  S  O  A  R  U  J  G
O  X  Z  S  D  G  E  S  C  U  E  X  U  V  O  P  M  X
U  R  P  L  Q  E  V  L  S  E  W  H  S  E  U  O  C  D
R  J  R  L  E  V  S  Q  D  I  I  Y  E  N  N  U  A  S
E  X  O  Q  Z  I  C  T  Q  P  N  V  O  C  D  R  S  V
R  T  V  B  M  N  A  F  R  D  Y  G  E  A  M  E  L  I
F  C  E  W  W  E  J  H  R  O  O  M  A  S  H  L  A  V
X  W  G  E  M  A  A  J  N  N  Y  N  I  T  Q  E  R  Y
W  H  K  E  D  V  F  R  U  I  T  K  I  L  A  O  U  H
D  L  V  H  D  F  J  U  C  N  S  T  U  L  G  F  T  P
```

"Bring ye all the **TITHES** into the **STOREHOUSE**, that there may be **MEAT** in mine **HOUSE**, and **PROVE** me now herewith, says the Lord of hosts, if I will not open you the **WINDOWS** of **HEAVEN**, and **POUR** you out a **BLESSING**, that there shall not be **ROOM** enough to **RECEIVE** it. And I will **REBUKE** the **DEVOURER** for your **SAKE**, and he shall not **DESTROY** the fruits of your **GROUND**; neither shall your **VINE** **CAST** her **FRUIT** before the time in the **FIELD**, says the Lord of hosts."

Psalm 34:8-12

```
W  M  J  C  S  O  X  C  V  E  W  N  I  R  G  X  K  R
D  E  S  I  R  E  S  A  T  F  E  H  C  P  O  P  P  G
A  Q  N  B  N  K  E  S  J  J  R  C  O  G  L  M  O  E
Y  E  H  X  Z  B  A  Y  J  N  F  O  O  E  F  H  G  X
S  F  A  T  M  T  H  D  D  Z  M  W  G  M  V  V  T  O
E  W  C  G  V  J  Y  C  P  G  H  Z  W  I  E  E  O  K
N  Z  M  S  I  R  N  H  N  W  J  P  Q  E  Y  K  R  P
Z  R  F  M  G  U  L  I  O  N  S  D  R  J  A  D  W  E
G  J  R  N  A  H  H  L  R  M  E  L  W  E  S  K  J  O
K  F  U  M  A  T  Z  D  I  S  M  K  I  A  F  D  M  P
O  H  C  U  O  Y  V  R  S  F  C  E  T  S  P  U  O  L
H  J  W  N  V  O  V  E  T  A  E  G  O  E  T  K  G  E
G  O  O  D  M  I  L  N  L  S  I  W  C  J  A  E  A  E
U  N  F  Y  F  B  B  E  V  Q  G  R  O  W  I  C  N  B
T  W  B  Q  R  T  U  J  W  E  S  Y  G  X  A  I  H  P
```

"**TASTE** and **SEE** that the Lord is good; **BLESSED** is the one who takes **REFUGE** in him. Fear the Lord, you his holy **PEOPLE**, for those who fear him **LACK NOTHING**. The **LIONS** may **GROW WEAK** and **HUNGRY**, but those who seek the Lord lack no *GOOD* thing. **COME**, my **CHILDREN**, **LISTEN** to me; I will **TEACH** you the fear of the Lord. **WHOEVER** of you loves **LIFE** and **DESIRES** to see many good **DAYS**."

2 Thessalonians 3:1-5

```
B O M G P Q C L H O N O R E D L H W
V R C O N T I N U E H J C W P W V J
M P O V K V W F A D P R O T E C T L
X E X T E F Z Q O E P L N R J B O Q
M R T V H M E S S A G E F C X F W B
X S X G I E D I R E C T I G Z P I H
D E L I V E R E D P C V D Q E F C P
D V L V Y I E S N D I P E M T F K R
I E C K G F X X S T R E N G T H E N
Q R H M A Y G V L Y J W C B M G D L
F A I T H F U L X L L I E C A Y V G
Q N S B R A P I D L Y K S P R E A D
D C Z X P V W A Z F M A T T E R S O
H E A R T S U D I C O M M A N D K X
D L T X S U S S I S T E R S L F Q E
```

"As for other **MATTERS**, **BROTHERS** and **SISTERS**, pray for us that the **MESSAGE** of the Lord may **SPREAD RAPIDLY** and be **HONORED**, just as it was with you. And pray that we **MAY** be **DELIVERED** from **WICKED** and **EVIL** people, for not everyone has faith. But the Lord is **FAITHFUL**, and he will **STRENGTHEN** you and **PROTECT** you from the evil one. We have **CONFIDENCE** in the Lord that you are doing and will **CONTINUE** to do the things we **COMMAND**. May the Lord **DIRECT** your **HEARTS** into God's love and Christ's **PERSEVERANCE**."

Philippians 1:27-28

```
C O N G Q C W E P V S Y M Y F O G C
C X R K Y C B E N J H E X U R N C Q
G G L G O S P E L M S X X E I Z Z J
H P F H U B U K N O W Z H V G R J X
G Z L H R T P O P S P T I I H M T W
V M U J S S C P N L E R L Y T E O X
L T W S E A O U U H T D F Z E G G R
L A Q P L V N K W S X V E I N Z E L
W T U I V E D D E S T R O Y E D T S
Q O Y R E D U S T A N D M C D H H I
V D R I S S C F I R M M N W Q F E G
H R Q T W I T H O U T E J W U Y R N
E M E N H X L I X B S T P Q C C R A
A H A C J Y G A I B T J F T S F L X
R O M C G H K M A N N E R M F I N K
```

"Whatever happens, **CONDUCT YOURSELVES** in a **MANNER WORTHY** of the **GOSPEL** of Christ. Then, **WHETHER** I come and see you or only **HEAR** about you in my **ABSENCE**, I will **KNOW** that you **STAND FIRM** in the one **SPIRIT**, **STRIVING TOGETHER** as one for the faith of the gospel **WITHOUT** being **FRIGHTENED** in any way by those who **OPPOSE** you. This is a **SIGN** to them that they will be **DESTROYED**, but that you will be **SAVED**—and that by God."

Revelations 2:9-10

```
V  I  C  T  O  R  S  E  Q  N  P  J  D  K  D  E  P  B
A  C  Y  V  E  N  E  F  M  L  P  L  R  T  O  L  E  E
Q  A  R  X  K  N  O  E  L  C  B  E  D  G  D  J  R  G
O  F  P  O  I  N  T  J  E  A  F  R  A  I  D  X  S  P
Z  F  Z  M  W  Y  F  E  K  F  B  P  K  Q  D  P  E  N
R  L  P  I  S  N  W  W  U  H  T  E  S  T  A  O  C  C
T  I  D  N  J  L  S  S  Y  U  M  G  T  N  C  V  U  M
J  C  C  O  V  P  Y  T  O  A  Y  P  F  N  U  E  T  Y
Q  T  C  H  N  N  N  B  J  L  N  Y  R  Z  J  R  I  Q
B  I  Q  T  A  W  A  N  Z  M  O  E  T  I  E  T  O  W
I  O  K  T  S  X  G  J  Q  R  F  W  G  D  S  Y  N  L
A  N  A  R  U  R  O  G  W  F  U  O  N  D  J  O  L  B
E  S  E  J  W  X  G  X  U  I  R  A  T  Y  K  L  N  Q
G  D  E  V  I  L  U  S  E  N  L  H  T  U  I  F  B  R
V  X  V  I  V  W  E  E  D  S  R  L  Y  W  U  B  D  L
```

"I know your **AFFLICTIONS** and your **POVERTY**—yet you are **RICH**! I know **ABOUT** the **SLANDER** of those who say they are **JEWS** and are not, but are a **SYNAGOGUE** of **SATAN**. Do not be **AFRAID** of what you are about to **SUFFER**. I tell you, the **DEVIL** will put some of you in **PRISON** to **TEST** you, and you **WILL SUFFER PERSECUTION** for **TEN** days. Be faithful, even to the **POINT** of death, and I will give you life as your **VICTOR'S CROWN**."

```
U  V  H  Y  J  O  Y  H  T  J  J  T  A  T  P  F  S  M
F  Q  R  X  Q  W  V  O  W  A  G  E  S  T  E  A  L  I
V  P  R  O  F  A  N  E  Z  P  O  O  R  L  O  R  D  J
E  I  W  O  R  K  E  R  M  O  V  E  R  N  I  G  H  T
F  F  N  X  B  Q  I  R  Z  G  N  N  M  C  T  Y  F  Q
A  Y  D  E  G  E  Y  N  T  G  C  L  T  W  I  R  U  N
L  L  Z  O  Y  G  N  E  I  G  H  B  O  U  R  W  A  U
S  S  G  U  D  A  L  E  A  V  E  G  R  A  P  E  S  U
E  J  G  D  E  F  R  A  U  D  H  S  F  G  A  P  U  N
L  S  H  W  W  O  Q  D  R  A  V  E  P  Z  G  R  O  P
Y  I  T  R  F  W  T  A  P  D  E  C  E  I  V  E  U  I
W  A  E  N  L  Y  E  H  X  M  Y  O  Y  V  C  S  L  E
G  Y  T  Y  H  W  M  N  Y  G  I  N  F  W  X  K  K  O
T  X  A  W  S  Z  P  M  I  I  M  D  Y  J  J  N  L  A
S  Y  R  Z  R  K  L  R  V  L  H  I  R  E  D  T  Z  X
```

"Do not go over your **VINEYARD** a **SECOND** time or **PICK** up the **GRAPES** that have fallen. **LEAVE** them for the **POOR** and the **FOREIGNER**. I am the **LORD** your God. Do not **STEAL**. Do not **LIE**. Do not **DECEIVE** one another. Do not **SWEAR FALSELY** by my name and so **PROFANE** the name of your god. I am the Lord. Do not **DEFRAUD** or rob your **NEIGHBOUR** .Do not hold back the **WAGES** of a **HIRED WORKER OVERNIGHT**."

Psalm 100:1-5

```
U  O  O  Z  P  M  Y  S  A  E  L  H  E  V  F  S  L  C
Y  U  Y  A  T  P  S  Y  B  G  P  R  A  I  S  E  B  A
G  D  R  N  A  O  N  H  Q  X  L  P  V  W  S  I  S  F
G  P  R  E  S  E  N  C  E  S  A  A  V  Q  M  K  E  D
E  S  J  O  Y  F  U  L  E  E  O  S  D  H  P  V  R  T
N  F  H  C  O  U  R  T  S  J  P  T  M  N  V  S  V  H
E  O  V  O  E  S  A  Z  T  X  S  U  L  J  E  S  E  A
R  M  U  V  U  G  Y  N  I  G  Q  R  J  R  S  S  C  N
A  N  F  R  I  T  E  M  L  E  A  E  U  E  O  K  S  K
T  B  H  G  S  L  P  C  T  Q  T  D  L  T  Q  E  I  F
I  W  L  B  B  E  F  O  R  E  N  B  Z  R  H  Y  S  U
O  H  E  X  S  Q  L  L  P  E  Z  M  Y  U  Z  R  C  L
N  Q  H  M  F  M  E  V  E  R  L  A  S  T  I  N  G  F
S  L  C  M  E  R  C  Y  E  S  C  E  U  H  A  O  F  S
X  O  K  L  A  N  D  S  Q  S  D  T  A  K  D  S  J  K
```

"Make a **JOYFUL** **SHOUT** to the L<small>ORD</small>, all you **LANDS**! **SERVE** the L<small>ORD</small> with **GLADNESS**; Come **BEFORE** His **PRESENCE** with singing. Know that the L<small>ORD</small>, He is God; It is He who has made us, and not we **OURSELVES**; We are His people and the **SHEEP** of His **PASTURE**. Enter into His **GATES** with thanksgiving, And into His **COURTS** with **PRAISE**. Be **THANKFUL** to Him, and **BLESS** His name. For the L<small>ORD</small> is good; His **MERCY** is **EVERLASTING**, And His **TRUTH** **ENDURES** to all **GENERATIONS**."

Matthew 7:24-27

```
F  Q  N  D  P  M  Q  K  F  N  Q  Q  O  H  G  X  D  F
S  L  V  Q  L  E  G  Y  I  E  Z  F  B  A  W  Y  A  Y
M  J  L  Z  G  O  S  A  Y  I  N  G  S  W  E  Z  B  R
B  U  I  L  T  Z  R  I  Z  K  F  F  W  I  V  D  Z  X
G  J  R  M  H  H  S  M  O  W  H  O  E  V  E  R  U  Q
W  I  N  D  S  A  N  D  E  L  F  B  E  D  R  Y  Y  T
G  R  T  R  R  Z  U  F  S  Y  H  N  N  I  Y  D  V  U
R  M  D  R  J  Y  F  A  Z  S  I  E  E  O  O  F  T  D
E  Q  X  O  R  N  L  L  I  M  C  G  Q  H  N  A  E  R
A  Q  D  C  W  E  O  L  R  S  N  R  B  I  E  D  U  A
T  B  O  K  B  P  O  Y  E  R  U  L  R  B  N  H  L  N
V  V  S  Y  Y  O  D  D  X  Y  D  C  W  U  R  M  E  K
Q  M  A  N  F  R  S  R  A  I  V  V  O  K  W  K  A  W
Z  B  L  E  W  B  U  J  T  R  M  F  J  Y  I  K  P  H
Z  P  K  I  U  H  O  U  S  E  N  F  B  L  B  R  O  F
```

"Therefore **WHOEVER** hears these sayings of **MINE**, and does them, I will **LIKEN** him to a **wise MAN** who **BUILT** his **HOUSE** on the **ROCK**: and the rain **DESCENDED**, the **FLOODS** came, and the **WINDS BLEW** and **BEAT** on that house; and it did not fall, for it was **FOUNDED** on the rock. But **EVERYONE** who hears these **SAYINGS** of Mine, and does not do them, will be like a **FOOLISH** man who built his house on the **SAND**: and the **RAIN** descended, the floods came, and the winds blew and beat on that house; and it fell. And **GREAT** was its **FALL**."

Psalm 31:19-21

```
I  D  G  S  L  G  R  D  Y  K  D  M  F  S  F  V  V  S
Q  I  E  L  R  S  U  T  L  M  X  E  R  T  H  Q  J  J
H  N  P  A  M  F  B  W  K  V  M  E  E  H  I  B  S  P
L  S  U  M  L  E  L  X  X  T  D  C  H  Q  R  A  K  D
Q  B  S  B  K  E  F  C  K  N  N  S  H  O  W  E  D  W
A  Q  H  C  I  T  Y  T  O  E  N  I  T  A  W  A  V  E
T  B  E  S  T  O  W  W  S  U  E  R  X  W  R  C  K  L
Q  S  L  U  W  E  S  E  H  R  Y  P  T  K  B  C  L  L
B  S  T  I  N  T  R  I  G  U  E  S  U  T  T  U  V  I
T  T  E  O  E  P  L  S  G  N  V  F  G  A  H  S  K  N
R  O  R  N  N  Q  E  E  A  H  T  F  U  Y  R  I  H  G
V  R  R  A  G  G  H  M  M  F  T  Z  K  G  W  N  D  G
F  E  A  R  E  F  U  G  V  C  E  Z  D  T  E  G  L  E
E  D  E  I  Z  H  J  E  L  E  H  G  R  W  R  T  F  P
Y  I  S  L  L  Z  K  Y  S  Y  A  B  U  N  D  A  N  T
```

"How **ABUNDANT** are the good things that you have **STORED** up for those who **FEAR** you, that you **BESTOW** in the **SIGHT** of all, on those who take **REFUGE** in you. In the **SHELTER** of your **PRESENCE** you **HIDE** them from all **HUMAN INTRIGUES**; you **KEEP** them **SAFE** in your **DWELLING** from **ACCUSING TONGUES**. Praise be to the Lord, for he **SHOWED** me the **WONDERS** of his love when I was in a **CITY** under **SIEGE**."

Nehemiah 8:9-10

```
B S T A W V I F T M E J D R I N K S
Z J R P E Q N A S G N F B D M F N U
I Z G E E A F B K T P X V W L W T L
E I P F T Q T G F P R R Q E E Y Q O
B N E H E M I A H J O E E E E T Z O
X Q A D Q U Z R U N T R N P U K F N
D A T X F T E G X G F L T G A I H W
F H H F S D F O E G H Y I I T R X O
P S E E S S V W O E T X Q O H E R
V O I K P Z S E S C R I B E Q N L D
J R D O U T R R O B E W W A J N S S
P R M D B E G N Q A Y L E V I T E S
L O X G T B D O D H D X L Z P B X F
H W H X M O U R N D V A K E T N F M
C T F A B L Q T J S L A W A K F F C
```

"And **NEHEMIAH**, who was the **GOVERNOR**, **EZRA** the **PRIEST** and **SCRIBE**, and the **LEVITES** who **TAUGHT** the people said to all the people, "This day is holy to the Lord your God; do not **MOURN** nor **WEEP**." For all the people **WEPT**, when they heard the **WORDS** of the **LAW**. Then he said to them, "Go your way, **EAT** the **FAT**, **DRINK** the **SWEET**, and send **PORTIONS** to those for whom nothing is **PREPARED**; for this day is holy to our Lord. Do not **SORROW**, for the joy of the Lord is your **STRENGTH**."

Hebrews 12:1-2

```
W  A  Q  R  K  V  E  A  S  I  L  Y  O  S  A  L  E  O
E  M  S  F  E  N  S  N  A  R  E  S  U  S  O  S  E  T
I  P  C  I  G  M  Y  K  D  P  H  V  Z  G  O  E  J  R
G  H  R  N  D  T  U  V  F  U  B  C  C  R  B  V  G  K
H  H  I  I  B  E  E  N  D  U  R  E  D  W  V  A  U  A
T  P  H  S  E  P  P  J  G  D  J  A  H  S  O  C  T  J
C  Y  T  H  V  T  H  D  W  E  E  B  N  P  S  C  L  F
N  N  X  E  R  A  C  E  I  L  Q  S  W  C  P  F  X  K
S  U  R  R  O  U  N  D  E  D  X  D  P  T  E  F  D  Y
C  K  I  W  I  T  N  E  S  S  E  S  U  I  S  E  R  Z
R  A  U  T  H  O  R  J  K  I  J  O  Q  O  S  E  N  T
O  L  M  S  H  A  M  E  T  W  K  O  R  K  G  I  V  O
S  K  B  C  L  O  U  D  L  S  U  U  U  T  H  A  N  D
S  M  D  B  G  T  S  N  H  V  I  N  N  Q  Y  R  U  G
N  Z  Z  V  X  Y  M  K  K  U  U  N  T  H  R  O  N  E
```

"Therefore we also, since we are **SURROUNDED** by so great a **CLOUD** of **WITNESSES**, let us lay **ASIDE** every **WEIGHT**, and the **SIN** which so **EASILY ENSNARES** us, and let us **RUN** with **ENDURANCE** the **RACE** that is set before us, looking unto Jesus, the **AUTHOR** and **FINISHER** of our faith, who for the joy that was set before Him **ENDURED** the **CROSS**, **DESPISING** the **SHAME**, and has sat down at the **RIGHT HAND** of the **THRONE** of God."

Proverb 3:5-9

```
G U O E Z I H E N Z T M T L I F N P
H O Z N G F N H S L N K D G O P P U
E V I L U H A C F O E R I I Y G L P
F I S F T P C B R I R X R D D J C T
Q R V S I O K O J E R U E W V N R W
B D U O G S N N X U A S C I G A N X
P R M I A S O E Q R D S T S P H G I
T W H V T E W S N F B T E E O V N E
G P E F C S L M O A H R D I Y S V K
F L E S H S E Q V T L E O K N W K K
W E E P H I D O L H O N O U R L J F
S I A T D O G A H X M G A X C E E Q
M C A R Q N E T K C F T P H E A R T
K P J R C H P I H J Q H Z F P N E J
U C N K U N D E R S T A N D I N G Q
```

"**TRUST** in the Lord with all your **HEART**, and **LEAN** not on your own **UNDERSTANDING**; In all your ways **ACKNOWLEDGE** Him. And he shall **DIRECT** your **PATHS**. Do not be **WISE** in your own eyes; **FEAR** the Lord and **DEPART** from **EVIL**. It will be **HEALTH** to your **FLESH**, and **STRENGTH** to your **BONES**. **HONOUR** the Lord with your **POSSESSION**. And with the **FIRST FRUITS** of all your **INCREASE**"

Hebrews 11:6-7

```
B  L  K  B  H  S  D  I  O  D  S  P  J  O  Q  O  W  L
H  M  L  X  Q  L  W  C  J  O  V  F  S  U  F  V  I  E
F  S  T  R  E  N  G  T  H  E  A  R  T  N  D  M  S  X
W  O  D  E  P  A  R  T  N  C  R  Z  P  D  E  A  E  W
D  W  T  F  X  S  S  B  N  Q  O  L  K  E  E  Z  X  R
Z  R  W  M  E  R  C  E  O  R  F  Y  F  R  U  I  T  S
A  V  R  E  I  A  K  X  U  N  P  R  C  S  M  B  U  Z
P  O  W  F  N  U  R  O  K  C  E  N  P  T  R  D  V  D
A  C  E  F  D  I  N  T  H  U  I  S  E  A  B  I  U  Y
T  A  C  K  N  O  W  L  E  D  G  E  N  N  T  L  S  F
H  Z  Q  M  H  J  K  X  M  S  L  Y  U  D  R  G  A  F
S  T  K  G  K  F  Q  A  L  I  Q  Y  L  I  U  T  R  L
U  E  O  X  P  O  S  S  E  S  S  I  O  N  S  C  Y  E
V  H  E  A  L  T  H  J  A  M  V  S  G  G  T  W  V  S
T  F  I  F  I  Y  P  A  N  E  C  D  I  R  E  C  T  H
```

But **WITHOUT** faith it is **IMPOSSIBLE** to **PLEASE** Him, for he who comes to God must **BELIEVE** that He is, and that He is a **REWARDER** of those who **DILIGENTLY** seek Him. By faith **NOAH**, being **DIVINELY WARNED** of things not yet **SEEN**, moved with **GODLY** fear, **PREPARED** an **ARK** for the **SAVING** of his **HOUSEHOLD**, by which he **CONDEMNED** the **WORLD** and **BECAME HEIR** of the **RIGHTEOUSNESS** which is according to faith.

Proverbs 1:20-23

```
N  B  W  Z  B  N  S  Z  N  O  C  B  W  I  S  D  O  M
B  R  C  H  I  L  S  I  I  U  T  N  Q  E  R  F  D  K
R  Z  M  A  A  R  W  I  G  S  E  L  A  Q  X  U  N  N
W  E  V  O  E  A  R  C  B  P  C  W  F  O  O  L  S  O
P  M  B  K  C  S  E  C  O  L  R  A  Q  L  Q  V  O  W
R  O  C  U  V  K  P  Z  P  J  I  F  A  I  Q  Q  B  N
A  O  U  C  K  H  E  K  S  P  E  E  C  H  H  P  D  B
M  U  C  R  J  E  N  R  K  I  S  X  T  N  J  A  X  J
X  J  Z  Q  D  C  T  L  Y  T  N  V  O  I  C  E  T  Q
P  C  R  M  T  E  A  C  H  I  N  G  S  Q  U  A  R  E
F  Y  T  H  O  U  G  H  T  S  H  R  A  I  S  E  S  X
S  I  M  P  L  E  W  T  F  R  R  I  S  X  U  F  C  J
U  I  V  X  M  T  P  U  B  L  I  C  X  Z  B  P  A  Q
A  U  Z  V  D  R  E  T  X  T  Q  Y  U  N  A  O  E  L
K  P  F  S  E  X  X  W  J  R  P  U  I  W  A  M  M  I
```

"Out in the **OPEN WISDOM** calls **ALOUD**, she **RAISES** her **VOICE** in the **PUBLIC SQUARE**; on top of the wall she **CRIES** out, at the city gate she makes her **SPEECH**: "How long will you who are **SIMPLE** love your simple ways? How long will **MOCKERS** delight in **MOCKERY** and **FOOLS HATE** knowledge? **REPENT** at my **REBUKE**! Then I will **POUR** out my **THOUGHTS** to you, I will make **KNOWN** to you my **TEACHINGS**."

Job 5:8-11

```
Y G K Q U H N D Z C V S H A O E R F
Q N F V B G E W S O J D W B Z N B X
E X W U Y L R E M M H B N U M B E R
R B M L E V F E O M Q T L L S E M X
Z B W R A I N I A I C H L F H K O W
P O T A R S A F E T Y I I R B F U H
L T P R T U Y T O L B N S G G M R Z
V H Y Q H E Y Q P I D G H T H A N U
O S E C N S R T C A U S E I N R A X
Q O W H T H O S E M K T D M H V S W
U N S E A R C H A B L E K W U E R F
S D M W Z K W Y B W T S B O S L V F
V E M Z P O D O W F X P T L Q O K V
F K E F V P I N I W W I T H O U T U
H Q P K W O U L D Z C Z M P J S K V
```

"But as for me, I **WOULD** **SEEK** God, and to God I would **COMMIT** my **CAUSE**– Who does **GREAT** *THINGS*, and **UNSEARCHABLE**, **MARVELOUS** things **WITHOUT** **NUMBER**. He gives **RAIN** on the **EARTH**, and sends **WATERS** on the **FIELDS**. He sets on **HIGH** those who are **LOWLY**, and **THOSE** who **MOURN** are **LIFTED** to **SAFETY**."

49

Acts 1:4-8

```
O E B H Y W A T E R S N V V E L T X
N H H Z I O L H I N G O U I X R V Y
I G O J L E L J H Z R W E J U Z Z Z
T V L K I X R O D J H E A R D H P J
G J Y G S O J C O M M A N D E D G K
I K Q S H W E J E R U S A L E M K B
G F J M A N Y P W S S R D U N S D H
T F K N L K W H Y A P H L U G Y E C
O A V A L P B A P T I Z E D T F F T
G T G S W W D A T A R T Y E C W C E
E H J P R O M I S E I Z B S T A T W
T E V Z H A U F C H T T R U L Y J V
H R X B E I N G Z A S S E M B L E D
E B N L R M V Y E K P J V P V K B F
R N C N D E P A R T Y P D K Z M E X
```

"And **BEING ASSEMBLED TOGETHER** with them, He **COMMANDED** them not to **DEPART** from **JERUSALEM**, but to **WAIT** for the **PROMISE** of the **FATHER**, "which ," He said, "you have **HEARD** from Me; for **JOHN TRULY BAPTIZED** with **WATER**, but you **SHALL** be baptized with the **HOLY SPIRIT** not **MANY DAYS** from **NOW**."

```
T  C  F  G  K  W  H  T  P  R  O  P  H  E  T  U  X  N
T  Z  S  I  G  N  S  S  U  F  P  P  D  R  Y  G  F  P
N  U  W  K  G  H  D  U  W  T  M  O  U  T  H  V  I  W
C  O  J  D  S  R  G  D  Q  E  E  C  X  B  J  I  E  G
Q  R  A  H  I  A  E  E  O  N  X  A  D  J  Q  G  K  K
A  X  G  B  A  V  B  S  O  M  W  P  K  E  F  R  Q  E
E  J  L  J  I  X  E  T  V  C  S  T  I  N  A  Z  G  J
S  U  D  E  W  G  S  U  A  K  Q  U  L  M  C  A  S  T
D  W  C  M  L  M  L  A  K  E  K  R  L  F  M  W  X  Z
K  E  O  F  I  R  E  K  U  R  K  E  E  I  N  D  H  S
D  T  B  R  B  T  E  S  N  F  E  D  D  U  S  P  G  V
D  O  B  L  D  M  M  Z  P  R  E  S  E  N  C  E  N  F
B  R  G  H  O  R  S  E  Y  S  C  R  T  I  Q  R  E  H
R  W  O  R  S  H  I  P  E  D  R  T  Z  U  M  Z  N  R
Y  F  A  L  S  E  Q  T  S  N  E  B  A  L  I  V  E  Y
```

"Then the beast was **CAPTURED**, and with him the **FALSE** **PROPHET** who worked **SIGNS** in his **PRESENCE**, by which he **DECEIVED** those who received the **MARK** of the beast and those who **WORSHIPED** his **IMAGE**. These two were **CAST** **ALIVE** into the **LAKE** of **FIRE** burning with **BRIMSTONE**. And the **REST** were **KILLED** with the **SWORD** which proceeded from the **MOUTH** of him who sat on the **HORSE**. And all the **BIRDS** were filled with their flesh."

Titus 2:11-14

```
Z R T D I Q T E G R A C E S T G Z Y
L S B R R I G H T E O U S L Y B M G
S W X R N T M H O O R E A I L Y W V
Z E A L O U S S M A N C V N L H H O
W O R L D L Y Y A I U F I D N N Z L
R H O G G B L R L L U O O Z J N A A
A P P E A R E D O H V G R V I I R G
H G S Q E Q O D P O D A Q L C G U L
W Y N B X G M E N P Q Y T E N S M O
S M O C N P R E S E N T P I N S Y R
P S W U H D E D E Z W S H N O E Y I
B A G B V K C T Z Q M C R T T N P O
S C A W C I M A Y P A E V F B A N U
I M X T C R E D E E M L A W L E S S
V P U R I F Y L T N L U S T S Z O M
```

"For the **GRACE** of God that brings **SALVATION** has **APPEARED** to all men, **TEACHING** us that, denying **UNGODLINESS** and **WORLDLY** **LUSTS**, we should live **SOBERLY**, **RIGHTEOUSLY**, and **GODLY** in the **PRESENT** age, looking for the blessed **HOPE** and **GLORIOUS** appearing of our great God and **SAVIOR** Jesus Christ, who gave Himself for us, that He might **REDEEM** us from every **LAWLESS** **DEED** and **PURIFY** for Himself His own **SPECIAL** people, **ZEALOUS** for good works."

James 5:13-16

```
F  L  Y  E  S  I  M  G  I  T  R  H  F  I  L  B  M  W
S  I  N  G  L  X  N  H  N  H  C  X  R  M  A  F  U  M
Q  S  H  V  K  G  K  E  O  U  H  X  P  S  A  L  M  S
A  M  O  N  G  O  V  Z  M  V  E  R  D  B  V  P  Z  L
N  P  T  X  G  R  H  E  A  L  E  D  Y  H  A  W  C  V
O  P  C  T  E  T  X  S  P  R  R  S  C  C  I  X  O  K
I  E  W  F  J  Q  R  N  I  J  F  R  I  O  L  K  M  R
N  L  W  R  T  E  E  E  P  F  U  A  X  N  S  D  M  V
T  B  O  D  D  M  B  U  S  H  L  I  I  F  S  J  I  K
I  C  A  L  L  K  I  A  C  P  Q  S  N  E  Z  O  T  P
N  D  E  D  I  C  D  W  W  Z  A  E  D  S  Q  A  T  O
G  N  J  O  H  R  Y  Y  Z  I  U  S  B  S  J  U  E  P
K  A  T  X  U  T  H  Z  Y  L  Q  Z  S  G  W  Y  D  J
O  M  L  Q  A  P  W  L  A  N  Y  O  N  E  Y  Z  I  G
T  E  L  P  E  F  F  E  C  T  I  V  E  Y  S  H  J  L
```

"Is anyone **AMONG** you suffering? Let him pray. Is anyone **CHEERFUL**? Let him **SING PSALMS**. Is **ANYONE** among you sick? Let him **CALL** for the **ELDERS** of the **CHURCH**, and let them pray over him, **ANOINTING** him with oil in the **NAME** of the Lord. And the prayer of faith will save the sick, and the Lord will **RAISE** him up. And if he has **COMMITTED SINS**, he will be forgiven. **CONFESS** your **TRESPASSES** to one another, and pray for one another, that you may be **HEALED**. The **EFFECTIVE**, **FERVENT** prayer of a righteous man **AVAILS MUCH**."

```
F  I  W  G  Y  A  U  E  X  Z  N  M  I  N  D  E  F  J
E  B  C  D  P  G  H  N  A  V  Q  X  B  D  N  S  T  E
L  N  O  T  H  I  N  G  S  C  O  M  F  O  R  T  P  S
L  U  N  A  M  Y  H  L  P  C  H  K  I  V  W  E  S  A
O  I  S  A  E  Z  S  U  O  D  Y  T  L  Y  L  E  E  C
W  R  O  F  R  L  P  H  N  W  I  Y  B  O  J  M  L  C
S  H  L  F  C  X  A  T  B  B  L  V  O  I  O  Y  F  O
H  W  A  E  Y  V  X  C  M  E  S  I  P  N  Y  K  I  R
I  E  T  I  S  J  S  A  X  S  I  I  N  T  W  O  S  D
P  S  I  D  M  C  Q  R  T  Y  L  N  V  E  C  D  H  R
L  J  O  D  C  O  N  C  E  I  T  Y  G  R  S  E  I  Y
J  B  N  L  I  K  E  M  I  N  D  E  D  E  O  S  J  T
C  F  S  W  S  U  F  L  P  P  V  A  B  S  Q  W  N  K
L  F  U  L  F  I  L  L  A  F  F  E  C  T  I  O  N  C
Y  H  F  C  O  Z  K  M  R  E  M  Y  I  S  E  L  P  E
```

Therefore if there is any **CONSOLATION** in Christ, if any **COMFORT** of love, if any **FELLOWSHIP** of the Spirit, if any **AFFECTION** and **MERCY**, **FULFILL** my joy by being **LIKE-MINDED**, having the same love, **BEING** of one **ACCORD**, of one **MIND**. Let **NOTHING** be done through **SELFISH AMBITION** or **CONCEIT**, but in **LOWLINESS** of mind let **EACH ESTEEM** others better than himself. Let each of you **LOOK** out not only for his **OWN INTERESTS**, but also for the interests of others.

2 Timothy 4: 2-5

```
R  E  A  D  Y  Q  I  U  G  F  N  F  D  J  Z  H  K  A
F  D  W  R  C  W  T  T  R  A  P  D  O  N  A  G  H  E
E  U  X  D  H  A  C  S  H  B  P  N  C  Y  N  V  S  A
A  L  D  K  I  T  H  O  E  L  T  H  T  I  K  F  B  A
C  X  J  G  A  C  I  U  Q  E  Y  N  R  W  E  L  V  F
G  S  Y  F  U  H  N  N  A  S  S  E  I  N  F  T  O  F
Y  E  C  T  D  F  G  D  R  N  F  N  N  B  Y  R  L  L
P  A  M  O  F  U  V  E  P  F  C  D  E  S  W  U  D  I
R  S  I  L  N  L  H  L  U  E  O  U  U  E  O  T  E  C
E  O  N  W  P  C  Z  S  K  X  N  R  Q  S  T  H  S  T
A  N  I  I  A  Y  G  U  J  H  V  E  R  M  Y  H  I  I
C  T  S  E  O  N  B  O  W  O  I  H  E  A  P  F  R  O
H  H  T  F  O  E  E  M  W  R  N  N  R  I  S  V  E  N
E  J  R  L  R  W  N  Q  I  T  C  Q  C  Q  P  Y  S  S
S  Z  Y  Q  A  E  V  A  N  G  E  L  I  S  T  G  Z  Y
```

"**PREACH** the word! Be **READY** in **SEASON** and out of season. **CONVINCE**, **REBUKE**, **EXHORT**, with all **LONGSUFFERING** and teaching. For the time will come when they will not **ENDURE SOUND DOCTRINE**, but according to their own **DESIRES**, because they have **ITCHING** ears, they will **HEAP** up for themselves **TEACHERS**; and they will turn their ears away from the **TRUTH**, and be turned aside to **FABLES**. But you be **WATCHFUL** in all things, endure **AFFLICTIONS**, do the work of an **EVANGELIST**, fulfill your **MINISTRY**."

HARD LEVEL

Hebrews 4:11-13

```
Y  N  X  Q  S  W  O  R  D  E  K  A  N  V  I  W  I  E
J  T  H  G  I  S  W  A  B  S  A  C  C  O  U  N  T  L
P  D  M  A  R  R  O  W  F  O  M  R  Z  L  I  D  O  P
F  F  L  E  L  E  O  U  S  T  S  E  R  U  D  Z  M  M
R  J  N  H  Y  N  N  N  W  W  J  A  G  F  P  O  X  A
E  O  G  I  G  R  O  C  O  X  H  T  N  R  K  P  V  X
P  I  Z  D  N  E  I  F  C  X  Y  U  I  E  L  E  W  E
R  N  Y  D  I  C  S  R  R  N  I  R  C  W  R  N  P  Z
A  T  N  E  V  S  I  H  C  K  N  E  R  O  E  H  T  Q
H  S  P  N  I  I  V  P  H  D  T  Z  E  P  T  A  C  Y
S  O  U  L  L  D  I  S  O  B  E  D  I  E  N  C  E  S
Y  X  A  X  L  U  D  H  T  L  N  L  P  Y  E  U  D  O
S  T  H  G  U  O  H  T  I  O  T  N  H  O  D  P  K  R
K  G  T  D  J  Z  P  E  H  J  S  U  T  C  Q  R  T  A
J  V  X  W  I  O  U  T  W  O  E  D  G  E  D  A  T  M
```

"Let us **THEREFORE** be **DILIGENT** to **ENTER** that **REST**, lest anyone fall according to the same **EXAMPLE** of **DISOBEDIENCE**. For the word of God is **LIVING** and **POWERFUL**, and **SHARPER** than any **TWO-EDGED SWORD**, **PIERCING** even to the **DIVISION** of **SOUL** and spirit, and of **JOINTS** and **MARROW**, and is a **DISCERNER** of the **THOUGHTS** and **INTENTS** of the heart. And there is no **CREATURE HIDDEN** from His **SIGHT**, but all things are **NAKED** and **OPEN** to the eyes of Him to whom we must give **ACCOUNT**."

Romans 8:35-39

```
Z D E T A E R C K P R E S E N T G J
P D V I R E T H G U A L S L E G N A
E K E T A R A P E S S M B K P R L W
R H F H W R I T T E N K Y X X S N N
S E I T I L A P I C N I R P I S E O
U I W P D I S T R E S S O T G E J I
A G D E X T R I B U L A T I O N S T
D H S D T V O U K S H W A L L D W U
E T R R Y B R T E A T Q Y B L E O C
D R E H T I E N L K A Z T O I K R E
P P W Q M W U F B E E Q R Q R A D S
E U O E Z N Q O A O D O Q K E N Q R
E S P M N E N I M A F D P Q P Q K E
H N R P C L O O N J N U F Y V D M P
S X A J P K C D E T N U O C C A X E
```

"Who shall **SEPARATE** us from the love of Christ? Shall **TRIBULATION**, or **DISTRESS**, or **PERSECUTION**, or **FAMINE**, or **NAKEDNESS**, or **PERIL**, or **SWORD**? As it is **WRITTEN**: "For Your **SAKE** we are killed all day long; We are **ACCOUNTED** as **SHEEP** for the **SLAUGHTER**." Yet in all these things we are more than **CONQUERORS** through Him who loved us. For I am **PERSUADED** that **NEITHER DEATH** nor life, nor **ANGELS** nor **PRINCIPALITIES** nor **POWERS**, nor things **PRESENT** nor things to come, nor **HEIGHT** nor **DEPTH**, nor any other **CREATED** thing, shall be **ABLE** to separate us from the love of God which is in Christ Jesus our Lord."

1 Corinthians 13:1-7

```
B U Z H A R D S H I P P M R T T O B
Y C E H P O R P H E P O W O P Q A I
R T O N G U E S P A T I E N T P L Q
E J X E S S E S S O P H A O F U Q U
S O U M M R Y J S Q U F P H J H Y P
O P R O U D X G N I K E E S F L E S
U X K U P A H O M D Q X R I Y G C P
N A S N G N I G N A L C S D J H J E
D N V T A E C W P R O T E C T S P A
I G T A C Y M B A L G P V D Y C E K
N E K I O M Y S T E R I E S V N W I
G R C N M R B G I F T S R A N A H N
T E U S A S G N W C X D E F E G A D
Z D R O C E R O H B O A S T N I A G
Z P J Y W L D G M O H T A F A P Z K
```

"If I **SPEAK** in the **TONGUES** of men or of angels, but do not have love, I am only a **RESOUNDING GONG** or a **CLANGING CYMBAL**. If I have the **GIFT** of **PROPHECY** and can **FATHOM** all **MYSTERIES** and all knowledge, and if I have a faith that can move **MOUNTAINS**, but do not have love, I am nothing. If I give all I **POSSESS** to the poor and give over my body to **HARDSHIP** that I may **BOAST**, but do not have love, I **GAIN** nothing. Love is **PATIENT**, love is **KIND**. It does not **ENVY**, it does not boast, it is not **PROUD**. It does not **DISHONOR** others, it is not **SELF-SEEKING**, it is not easily **ANGERED**, it keeps no **RECORD** of wrongs. Love does not delight in evil but rejoices with the truth. It always **PROTECTS**, always trusts, always hopes, always **PERSEVERES** ."

Ephesians 2:14-18

```
R  Z  V  H  K  O  J  K  A  W  A  L  L  G  S  S  T  P
B  G  E  D  R  G  C  Q  C  R  O  S  S  L  P  L  Y  U
X  H  P  G  E  N  Z  F  U  G  X  F  R  B  U  R  W  R
W  D  R  Y  I  I  Y  M  N  N  R  E  S  V  O  N  Y  P
B  E  E  S  R  D  Q  R  E  I  Y  L  E  Q  R  U  T  O
O  S  A  S  R  I  S  I  A  K  U  I  T  B  G  P  I  S
D  T  C  E  A  V  E  X  R  A  T  C  T  E  X  B  L  E
Y  R  H  C  B  I  N  H  U  M  A  N  I  T  Y  F  I  P
A  O  E  C  O  D  O  R  Y  M  E  O  N  H  G  N  T  E
S  Y  D  A  F  L  E  S  H  B  Q  C  G  I  A  Y  S  A
G  E  Y  V  M  Z  Y  Y  E  S  M  E  G  M  A  B  O  C
O  D  A  K  Y  N  U  E  W  U  J  R  N  S  C  K  H  E
W  S  W  K  K  C  O  M  M  A  N  D  S  E  N  Z  F  Y
T  P  A  D  J  D  Z  S  N  O  I  T  A  L  U  G  E  R
A  O  A  S  I  D  E  O  S  X  S  H  Q  F  C  Y  R  D
```

"For he **HIMSELF** is our **PEACE**, who has made the two **GROUPS** one and has **DESTROYED** the **BARRIER**, the **DIVIDING WALL** of **HOSTILITY**, by **SETTING** **ASIDE** in his **FLESH** the law with its **COMMANDS** and **REGULATIONS**. His **PURPOSE** was to create in himself one new **HUMANITY** out of the **TWO**, thus **MAKING** peace, and in one **BODY** to **RECONCILE** both of them to God through the **CROSS**, by which he put to death their hostility. He came and **PREACHED** peace to you who were far **AWAY** and peace to those who were **NEAR**. For through him we both have **ACCESS** to the Father by **ONE** Spirit."

1 Peter 2:9-12

```
K T B E G N D M T R F Z A B K M W F
J A Z Z L I N V P R I E S T H O O D
P D E N I A T B O Y D E F M T I S D
W S L O F T C O N D U C T B P D U N
B A A B L S P E A K S H S U L E O V
S N I S E B K C F G O G M E P H L E
E O C E S A N N G A J E R O C O E V
I I E R H P E O S D O N A Y L N V I
I T P V L H S Y L E U E W C A O R L
A A S E Y T O T R L R R Z E Y R A D
J T Y A M I H P X L N A E L O A M O
F I Y Y D M C X Y A E T T C R B X E
T S E L I T N E G C R I D L D L P R
M I A L C O R P A P S O N N C E X S
W V S M I R G L I P G N M X K D X H
```

"But you are a **CHOSEN GENERATION**, a **ROYAL PRIESTHOOD**, a holy nation, His own **SPECIAL** people, that you may **PROCLAIM** the praises of Him who **CALLED** you out of darkness into His **MARVELOUS** light; who **ONCE** were not a people but are now the people of God, who had not **OBTAINED** mercy but now have obtained mercy. Beloved, I **BEG** you as **SOJOURNERS** and **PILGRIMS**, **ABSTAIN** from **FLESHLY** **LUSTS** which **WAR** against the soul, having your **CONDUCT** **HONORABLE** among the **GENTILES**, that when they **SPEAK** against you as **EVILDOERS**, they **MAY**, by your good works which they **OBSERVE**, glorify God in the day of **VISITATION**."

```
V H K X F N O M F E A R Q P T A R I
R R R P A I Z J G W Q Z K J S E Y E
F S R E T S I N I M D A T J U D T T
V N I P H E D U T I T L U M N P N G
E M O S E W A G X S D D N A L P E N
V A X U R E F O O D W U M H G E V I
B N P N L J C S X R N A H Y B R E H
F A T H E R S R M O H W E X U S S T
S T A R S U U E A L H I B K T O Z O
P Q A F S H X G O H K D I O P N S L
Y W T W H M V N E E S O R A Y S D C
V W Q J K R N A D R M W B T G S O V
S E V R E S U R T D O C F H E E G S
Y Y T I L A I T R A P N R S T S A F
D N N E C I T S U J X X C Q M H J S
```

"For the LORD your God is God of **GODS** and Lord of **LORDS**, the great God, mighty and awesome, who shows no **PARTIALITY** nor takes a **BRIBE**. He **ADMINISTERS JUSTICE** for the **FATHERLESS** and the **WIDOW**, and loves the **STRANGER**, giving him **FOOD** and **CLOTHING**. Therefore love the stranger, for you were strangers in the **LAND** of Egypt. You shall **FEAR** the LORD your God; you shall **SERVE** Him, and to Him you shall hold **FAST**, and take **OATHS** in His name. He is your praise, and He is your God, who has done for you these great and **AWESOME** things which your **EYES** have **SEEN**. Your **FATHERS** went down to **EGYPT** with **SEVENTY PERSONS**, and now the LORD your God has made you as the **STARS** of heaven in **MULTITUDE**."

Isaiah 40:28-31

```
J  Z  A  G  R  O  W  F  Y  O  U  T  H  S  W  L  K  W
U  N  D  E  R  S  T  A  N  D  I  N  G  K  N  O  W  E
I  H  T  R  A  E  X  T  W  E  A  R  Y  L  J  U  J  A
E  P  D  S  O  A  R  H  E  A  R  D  K  P  U  P  L  K
C  O  Q  H  H  N  H  O  S  E  S  A  E  R  C  N  I  I
S  G  E  C  X  E  H  M  B  P  U  T  I  J  U  N  V  H
Z  O  D  D  V  W  K  Q  O  I  U  T  N  I  A  F  H  O
G  N  U  O  Y  O  R  W  Z  V  S  X  J  K  C  B  I  P
V  E  T  A  K  I  C  G  N  I  T  S  A  L  R  E  V  E
M  R  U  N  F  T  K  K  Z  Q  U  O  W  A  E  L  E  K
A  B  S  W  S  W  D  V  W  N  M  G  T  W  A  R  A  L
M  Q  H  E  D  I  E  L  L  A  B  Q  E  Q  T  K  G  A
J  D  H  N  N  R  K  M  N  L  W  D  H  O  B  L  W
B  O  F  E  E  G  I  J  L  X  E  O  S  T  R  B  E  E
C  H  M  R  V  S  T  N  T  H  T  G  N  E  R  T  S  Q
```

"Do you not **KNOW**? Have you not **HEARD**? The LORD is the **EVERLASTING** God, the **CREATOR** of the **ENDS** of the **EARTH**. He will not **GROW** **TIRED** or weary, and his **UNDERSTANDING** no one can **FATHOM**. He gives **STRENGTH** to the weary and **INCREASES** the power of the **WEAK**. Even **YOUTHS** grow tired and weary, and **YOUNG** men **STUMBLE** and fall; but those who **HOPE** in the LORD will **RENEW** their strength. They will **SOAR** on **WINGS** like **EAGLES**; they will **RUN** and not grow **WEARY**, they will **WALK** and not be **FAINT**."

Psalm 104:16-20

```
D  U  F  M  S  P  J  P  S  J  H  L  V  V  I  T  L  Z
A  C  G  S  N  I  A  T  N  U  O  M  K  R  A  V  P  O
R  M  D  X  P  P  W  J  C  S  T  H  Y  R  A  X  F  S
K  S  U  N  D  S  A  O  J  E  G  U  F  E  R  R  K  T
N  W  D  A  O  A  M  H  P  U  G  P  I  N  U  T  C  O
E  D  E  T  N  A  L  P  O  M  N  D  T  V  N  D  G  R
S  M  P  Q  P  W  Q  Q  G  N  O  N  A  B  E  L  H  K
S  R  E  P  I  N  U  J  R  Y  L  A  L  P  P  I  O  D
O  M  O  Q  S  S  G  A  R  C  E  T  F  U  R  W  M  O
N  O  H  D  P  C  R  P  I  T  B  R  I  V  O  N  E  W
G  O  A  T  S  F  L  B  D  E  R  E  T  A  W  E  B  N
M  N  Z  S  G  X  L  I  B  R  Z  E  L  K  L  S  S  U
S  T  S  E  R  O  F  R  H  B  Y  S  G  I  S  T  A  A
A  Y  R  H  F  A  O  D  A  K  C  C  C  N  F  S  K  U
N  I  G  H  T  N  O  S  A  E  S  Z  S  R  A  D  E  C
```

"The **TREES** of the LORD are well **WATERED**, the **CEDARS** of **LEBANON** that he **PLANTED**. There the **BIRDS** make their **NESTS**; the **STORK** has its **HOME** in the **JUNIPERS**. The high **MOUNTAINS BELONG** to the **WILD GOATS**; the **CRAGS** are a **REFUGE** for the **HYRAX**. He made the **MOON** to mark the **SEASONS**, and the **SUN** knows when to go **DOWN**. You bring **DARKNESS**, it becomes **NIGHT**, and all the beasts of the **FOREST PROWL**."

Deuteronomy 11:22-25

```
W  E  F  G  I  V  I  N  G  S  V  J  E  D  I  V  Q  L
D  C  Z  B  Q  E  S  M  J  N  W  H  L  R  U  A  L  K
N  N  A  V  O  X  S  R  H  Y  O  L  B  I  M  H  E  V
A  E  F  A  S  T  E  X  O  R  L  O  S  V  R  F  B  Q
E  I  N  Z  H  E  S  B  H  O  L  B  D  E  H  O  A  R
N  D  P  D  U  N  S  S  O  T  O  S  N  Y  R  O  N  E
A  E  R  W  J  D  O  T  L  I  F  E  A  E  W  T  O  G
R  B  O  F  U  Y  P  R  D  R  D  M  G  E  P  N  R
R  O  M  E  S  A  S  O  S  R  E  V  M  X  N  L  K  A
E  V  I  W  T  J  I  N  B  E  S  E  O  D  F  S  B  L
T  R  S  A  A  O  D  G  X  T  E  E  C  A  L  P  Z  V
I  I  E  L  N  T  S  E  T  A  R  H  P  U  E  J  O  N
D  N  D  K  D  R  F  R  M  O  T  L  O  Q  P  M  T  R
E  R  I  V  E  R  R  O  R  R  E  T  H  E  O  V  Y  H
M  H  H  F  W  A  Y  L  L  U  F  E  R  A  C  X  Q  V
```

"If you **CAREFULLY OBSERVE** all these **COMMANDS** I am **GIVING** you to **FOLLOW**—to love the LORD your God, to **WALK** in **OBEDIENCE** to him and to **HOLD FAST** to him—then the LORD will **DRIVE** out all these nations before you, and you will **DISPOSSESS** nations **LARGER** and **STRONGER** than you. Every **PLACE** where you set your **FOOT** will be yours: Your **TERRITORY** will **EXTEND** from the **DESERT** to **LEBANON**, and from the **EUPHRATES RIVER** to the **MEDITERRANEAN** Sea. No one will be able to **STAND** against you. The LORD your God, as he **PROMISED** you, will put the **TERROR** and fear of you on the whole land, wherever you go."

Deuteronomy 11:1-3

```
O  A  L  W  A  Y  S  E  E  R  C  E  D  S  U  D  I  H
L  O  Y  I  K  T  O  W  I  X  F  M  I  G  H  T  Y  M
K  C  T  L  Z  P  U  Y  A  D  O  T  H  I  N  G  S  E
I  D  S  X  F  R  T  O  R  U  U  Z  O  L  A  W  S  L
N  E  E  H  X  Q  S  T  N  E  M  E  R  I  U  Q  E  R
G  C  J  F  N  F  T  C  H  C  H  I  L  D  R  E  N  N
E  N  A  C  S  T  R  U  X  C  Z  P  V  T  M  Z  I  D
X  E  M  U  D  O  E  A  R  M  F  D  F  P  X  C  L  N
E  I  H  E  A  R  T  V  E  G  Y  P  T  H  C  B  P  A
P  R  F  S  Y  S  C  Q  M  L  Z  E  R  A  O  Q  I  H
U  E  H  N  M  A  H  A  E  O  V  F  I  R  U  B  C  G
M  P  M  G  C  W  E  R  M  C  O  M  M  A  N  D  S  B
B  X  C  I  K  C  D  S  B  A  Z  R  E  O  T  N  I  V
P  E  V  S  V  P  O  Q  E  L  O  H  W  H  R  L  D  O
W  J  M  P  E  R  F  O  R  M  E  D  T  D  Y  D  I  V
```

"Love the LORD your God and keep his **REQUIREMENTS**, his **DECREES**, his **LAWS** and his **COMMANDS ALWAYS**. **REMEMBER TODAY** that your **CHILDREN** were not the ones who **SAW** and **EXPERIENCED** the **DISCIPLINE** of the LORD your God: his **MAJESTY**, his **MIGHTY HAND**, his **OUTSTRETCHED ARM**; the **SIGNS** he **PERFORMED** and the **THINGS** he did in the **HEART** of **EGYPT**, both to **PHARAOH KING** of Egypt and to his **WHOLE COUNTRY**"

Proverbs 10:13-17

```
S O G S A M G W L I C P O V E R T Y
L I L M W Q N R M F W B E S E N S E
T C O O E I I U N G R I F L I P S G
S I R D R C N I O F P W E A L T H D
V Z W S O G R N C F T E F J V O P E
X L T I T U E Z E O M P V L G U J L
W O Z W S R C R N R S S E O B H S W
C O M H E O S J I T E G L N X Z O O
A F O R T S I Y L I G N T A C M V N
R H U S I E D A P F A I O K E Y Q K
O C T J V R S R I I W N F K S Y Q C
O I H H N O I T C E R R O C I L O D
P R K K I N X S S D C A U A W W J O
H H O J M G A A I D U E N B H G S R
V T A X P I M U D K F S D C I X K N
```

"**WISDOM** is **FOUND** on the **LIPS** of the **DISCERNING**, but a **ROD** is for the **BACK** of one who has no **SENSE**. The **WISE** **STORE** up **KNOWLEDGE**, but the **MOUTH** of a **FOOL** **INVITES** **RUIN**. The **WEALTH** of the **RICH** is their **FORTIFIED** city, but **POVERTY** is the ruin of the **POOR**. The **WAGES** of the righteous is life, but the **EARNINGS** of the wicked are sin and death. Whoever heeds **DISCIPLINE** shows the way to life, but whoever **IGNORES** **CORRECTION** leads others **ASTRAY**."

Isaiah 6:1-4

Puzzle : 62

```
R O G X I S P J I J W S G N I W E Q
O T G N O O S H O O K D T R A I N L
O S S H L O Y H D P T Z V T P Y O S
Z D E Z M P G H K E B O R S K U R M
C L C W V O I C E S F J I C O E H O
A O A S V C U A S U M G H O X C T K
L H F K T K Y N T J I Z D V A B Z E
L S T S O P R O O D H D I E T G C R
I E M M Q H V T C Y P P D R Y H O U
N R G S S V L H W O A T D E T A E S
G H J I O M V E P B R E E D D I T H
I T V X U D S R Y A E M I R G Z E X
M N X G N I Y L F A S P D V N Z E M
C W E F D E E L O H W L G O I U F W
G Y L O H C W M A X S E G F K K A S
```

"In the year that **KING UZZIAH DIED**, I saw the Lord, high and exalted, **SEATED** on a **THRONE**; and the **TRAIN** of his **ROBE** filled the **TEMPLE**. Above him were **SERAPHIM**, each with **SIX WINGS**: With two wings they **COVERED** their **FACES**, with two they covered their **FEET**, and with two they were **FLYING**. And they were **CALLING** to one **ANOTHER**: "**HOLY**, holy, holy is the LORD Almighty; the **WHOLE** earth is full of his glory." At the **SOUND** of their **VOICES** the **DOORPOSTS** and **THRESHOLDS SHOOK** and the temple was filled with **SMOKE**."

68

Revelation 21:18-21

```
Y  T  E  J  S  H  S  A  P  P  H  I  R  E  H  G  V  U
W  E  T  A  G  A  M  R  E  P  S  A  J  Q  T  G  Q  Q
J  P  V  I  H  T  N  E  V  E  S  N  Q  C  N  F  Y  M
D  Y  V  T  N  E  R  A  P  S  N  A  R  T  E  M  X  O
R  Y  G  O  L  D  Y  U  K  L  R  T  G  T  V  D  Y  J
M  O  D  X  E  J  N  D  E  T  A  R  O  C  E  D  N  H
P  R  E  C  I  O  U  S  I  X  R  Z  W  B  L  H  O  Q
W  Q  O  C  H  R  Y  S  O  L  I  T  E  W  E  T  R  O
D  S  A  O  A  T  A  M  E  T  H  Y  S  T  N  N  F  G
L  Z  P  S  N  O  I  T  A  D  N  U  O  F  O  I  B  S
A  I  E  S  I  O  U  Q  R  U  T  O  D  N  O  C  E  S
R  Y  H  B  V  S  T  O  N  E  Z  V  T  O  P  A  Z  A
E  B  Y  I  L  R  A  E  P  Z  Q  K  A  Z  Y  J  R  L
M  U  H  Y  Q  E  V  L  E  W  T  A  B  E  R  Y  L  G
E  R  O  S  T  R  E  E  T  T  F  F  D  D  M  E  K  C
```

"The wall was made of jasper, and the city of pure **GOLD**, as pure as **GLASS**. The **FOUNDATIONS** of the city walls were **DECORATED** with every kind of **PRECIOUS STONE**. The first foundation was **JASPER**, the **SECOND SAPPHIRE**, the third **AGATE**, the fourth **EMERALD**, the fifth **ONYX**, the sixth **RUBY**, the **SEVENTH CHRYSOLITE**, the eighth **BERYL**, the ninth **TOPAZ**, the tenth **TURQUOISE**, the **ELEVENTH JACINTH**, and the twelfth **AMETHYST**. The **TWELVE** gates were twelve pearls, each gate made of a single **PEARL**. The great **STREET** of the city was of gold, as pure as **TRANSPARENT** glass."

Romans 6:1-7

```
P O T V B T P X X D C E O U S N S B
L L Y B D E L A J K R G X U L I F E
B N L A N Y O N E G U B H T A E D T
N U B P N I M L B N C A I L V V L U
O B P T N D U S O I I P T G E I O V
I H D I Y N N E D N F T M L S L N D
T O I S R J I C Y N I I M K D G G E
C X E M O F T P F I E Z V N T X E Z
E P D N L W E Y E S D E S G H H R C
R Y P Y G R D D X W P D B L G C E C
R Y C D R N W E S A E R C N I S H E
U W Z Y U R S S N A E M T M X T C
S E L F L L V I V E B U R I E D A A
E E S J E Q S A Z M T D S P V C F R
R K Y O D O Z R C E R T A I N L Y G
```

"What shall we say, then? Shall we go on **SINNING** so that **GRACE** may **INCREASE**? By no **MEANS**! We are those who have **DIED** to sin; how can we **LIVE** in it any **LONGER**? Or don't you know that all of us who were **BAPTIZED** into Christ Jesus were baptized into his **DEATH**? We were therefore **BURIED** with him through **BAPTISM** into death in order that, just as Christ was **RAISED** from the dead through the **GLORY** of the **FATHER**, we too may live a new **LIFE**. For if we have been **UNITED** with him in a death like his, we will **CERTAINLY** also be united with him in a **RESURRECTION** like his. For we know that our old **SELF** was **CRUCIFIED** with him so that the **BODY RULED** by sin **MIGHT** be done away with, that we should no longer be **SLAVES** to sin—because **ANYONE** who has died has been set free from sin."

Galatians 4:1-7

```
O G D E H N A M O W Y T G Y N C Z K
I U Y E I I G L Z J K R Q E K W T S
C A L P E R L C D H H U Y G B M T D
E R L I R C H I L D L S V A R I E H
V D U H S M P W L A U T I R I P S K
A I F S U D D K R R T E R E D E E M
L A T N E M E L E L H E U D Q W U D
S N O O D I H E A R T S H N T I M E
V S U S S Q V F T C E J B U S W Q E
D Q J E U N G Z L Q X A Q U P O Z E
L B S L A V E R Y Y P E L O H W I S
R O I W A V F E O Q C C D G J I O T
O R D I F F E R E N T Y V E R V Z A
W N S B A B B A D O P T I O N E C T
E B F T N E S S E C R O F R Y E Z E
```

"What I am saying is that as long as an **HEIR** is **UNDERAGE**, he is no **DIFFERENT** from a **SLAVE**, although he owns the **WHOLE ESTATE**. The heir is **SUBJECT** to **GUARDIANS** and **TRUSTEES** until the **TIME** set by his father. So also, when we were underage, we were in **SLAVERY** under the **ELEMENTAL SPIRITUAL FORCES** of the **WORLD**. But when the set time had **FULLY** come, God sent his Son, **BORN** of a **WOMAN**, born under the law, to **REDEEM** those under the law, that we might receive **ADOPTION** to **SONSHIP**. Because you are his sons, God **SENT** the Spirit of his Son into our **HEARTS**, the Spirit who calls out, "**ABBA**, Father." So you are no longer a slave, but God's child; and since you are his **CHILD**, God has made you also an heir."

James 1:2-6

```
I  M  B  T  O  S  S  E  D  S  N  N  W  O  L  B  Z  F
N  N  V  H  X  I  W  E  T  L  U  A  F  C  X  V  K  I
V  M  A  T  U  R  E  D  O  U  B  T  Y  M  K  S  A  N
S  O  D  I  K  B  R  X  J  H  J  B  L  A  P  L  Q  I
B  D  M  A  S  R  E  T  S  I  S  A  S  F  Y  A  F  S
F  S  D  F  E  X  D  G  G  A  I  L  U  I  D  I  T  H
D  I  M  G  W  N  I  S  E  C  U  D  O  R  P  R  H  I
C  W  F  X  M  R  S  C  A  S  J  T  R  E  E  T  T  A
B  K  S  A  A  L  N  Y  T  Z  L  J  E  Y  X  W  U  D
K  I  N  D  S  W  O  R  K  V  Q  G  N  I  K  C  A  L
Y  D  N  I  W  F  C  C  O  M  P  L  E  T  E  S  I  G
C  T  C  K  P  J  H  W  A  V  E  V  G  Y  R  H  C  S
Q  I  Y  P  A  S  R  E  H  T  O  R  B  O  U  O  M  T
A  U  P  T  E  S  T  I  N  G  Y  O  X  J  P  U  X  A
B  A  I  H  E  C  N  A  R  E  V  E  S  R  E  P  D  T
```

"**CONSIDER** it **PURE JOY**, my **BROTHERS** and **SISTERS**, whenever you face **TRIALS** of many **KINDS**, because you know that the **TESTING** of your **FAITH PRODUCES PERSEVERANCE**. Let perseverance **FINISH** its **WORK** so that you may be **MATURE** and **COMPLETE**, not **LACKING** anything. If any of you lacks **WISDOM**, you should ask God, who gives **GENEROUSLY** to all without finding **FAULT**, and it will be given to you. But when you **ASK**, you must believe and not **DOUBT**, because the one who doubts is like a **WAVE** of the sea, **BLOWN** and **TOSSED** by the **WIND**."

1 Peter 5:1-4

```
Q  C  F  O  A  W  P  U  R  S  U  I  N  G  I  D  S  W
U  Y  A  E  S  E  L  P  M  A  X  E  X  G  C  L  S  J
C  C  D  R  U  P  P  O  O  X  J  C  D  N  D  B  E  K
H  L  E  A  F  Y  L  L  T  N  I  E  K  I  P  F  N  F
I  L  L  H  F  V  F  J  X  U  M  A  S  H  P  J  T  E
E  R  T  S  E  N  O  H  S  I  D  G  R  C  G  L  I  L
F  E  N  T  R  U  S  T  E  D  J  E  E  T  A  D  W  L
W  I  L  L  I  N  G  R  R  Z  G  R  D  A  I  Y  A  O
N  F  P  U  N  C  R  O  W  N  I  F  L  W  N  E  P  W
T  X  Z  R  G  U  E  A  S  E  R  V  E  Z  K  V  P  F
M  C  F  Z  S  G  X  Z  K  R  P  C  N  W  X  W  E  C
R  I  K  C  A  R  E  T  O  W  S  R  A  E  P  P  A  D
E  J  U  W  E  Y  I  Z  S  X  Q  L  X  K  C  O  L  F
W  S  D  R  E  H  P  E  H  S  D  E  L  A  E  V  E  R
N  G  L  O  R  Y  H  E  D  L  O  R  D  I  N  G  X  J
```

"To the **ELDERS** among you, I **APPEAL** as a **FELLOW** elder and a **WITNESS** of Christ's **SUFFERINGS** who also will **SHARE** in the **GLORY** to be **REVEALED**: Be **SHEPHERDS** of God's **FLOCK** that is under your **CARE**, **WATCHING** over them—not because you must, but because you are **WILLING**, as God wants you to be; not **PURSUING DISHONEST GAIN**, but **EAGER** to **SERVE**; not **LORDING** it over those **ENTRUSTED** to you, but being **EXAMPLES** to the flock. And when the **CHIEF** Shepherd **APPEARS**, you will receive the **CROWN** of glory that will never **FADE** away."

Deuteronomy 31:5-8

```
L L R E I E V A E L A V Q K L A T M
T U L E N L D S U O E G A R U O C S
R M E X H V K X O B H Z A U I E P U
I R G I E Q P R E S E N C E S U P M
D E G A R U O C S I D N D N R Y Q M
A F R A I D N M U D A F E X A Q E O
I Q X Y T B E O L R O L D C E L L N
E D D N A L V S N P V E N M L R P E
I A M O N G E E F O R S A K E E O D
U B Y H C Q R S F D Q M M C R V E Q
Y T X L E J O S H U A I M F O I P O
T E R R I F I E D I V H O R W L L C
S A N C E S T O R S P V C Q S E M G
U H I X T Y P X F S E D I V I D K O
M E K J S E O G N O R T S K F Q W K
```

"The Lord will **DELIVER** them to you, and you **MUST** do to them all that I have **COMMANDED** you. Be **STRONG** and **COURAGEOUS**. Do not be **AFRAID** or **TERRIFIED** because of them, for the Lord your God **GOES** with you; he will **NEVER LEAVE** you nor **FORSAKE** you." Then **MOSES SUMMONED JOSHUA** and said to him in the **PRESENCE** of all **ISRAEL**, "Be strong and courageous, for you must go with this **PEOPLE** into the **LAND** that the Lord **SWORE** to their **ANCESTORS** to give them, and you must **DIVIDE** it **AMONG** them as their **INHERITANCE**. The Lord **HIMSELF** goes before you and will be with you; he will never leave you nor forsake you. Do not be afraid; do not be **DISCOURAGED**."

2 Chronicles 32:6-8

```
F Y G H U Z B X S S V A S S Y R I A
A S S E M B L E D H Q C P Y T Z N H
K D E Z U Z I N U M P X J Z D R S O
J B W E W G W I A D O F F I C E R S
H Z R K B E F O R E W Y L V F T T W
M I L I T A R Y M T A F V I M A E E
A P G A Z H W Y Y N E I F W A E C A
P L V H V A I T L I X G I N P R V R
V E C N E D I F N O C H P Z R G I M
P H I X T U P Q O P A T P A G L L Y
E O T N S J O H Q P Q B A T T L E S
O R Y L A X W E R A U Q S J Z S F Z
P W H F V H E T A G G A I N E D C C
L Z F H A M R R H F Y K I N G M L R
E L W O R D S D C H A H S E L F T M
```

"He **APPOINTED MILITARY OFFICERS** over the **PEOPLE** and **ASSEMBLED** them **BEFORE** him in the **SQUARE** at the **CITY GATE** and encouraged them with these **WORDS**: "Be strong and courageous. Do not be afraid or discouraged because of the **KING** of **ASSYRIA** and the **VAST ARMY** with him, for there is a **GREATER POWER** with us than with him. With him is only the **ARM** of **FLESH**, but with us is the Lord our God to **HELP** us and to **FIGHT** our **BATTLES**." And the people **GAINED CONFIDENCE** from what **HEZEKIAH** the king of **JUDAH** said."

```
R  M  M  X  W  U  M  G  I  N  T  E  R  E  S  T  E  O
P  E  C  N  A  T  I  R  E  H  N  I  M  Q  O  R  L  D
I  L  E  A  D  S  P  G  H  V  G  V  W  V  R  H  B  W
I  N  S  T  R  U  C  T  I  O  N  I  E  P  Z  G  A  O
U  S  E  S  S  A  M  A  A  V  X  U  A  R  J  W  T  Y
F  A  E  D  M  N  C  D  E  I  R  B  L  A  A  B  S  Y
W  E  A  T  W  I  S  E  E  O  F  J  T  Y  D  D  E  F
M  D  E  D  U  L  E  D  Q  M  V  C  H  E  A  R  T  C
N  U  K  I  N  D  X  R  O  O  P  V  Q  R  T  Q  E  P
C  O  M  P  A  N  I  O  N  K  C  W  M  S  W  W  D  R
P  N  G  A  H  E  E  D  S  N  O  T  T  U  L  G  Q  O
A  C  O  T  C  S  S  E  L  E  M  A  L  B  A  B  H  F
R  T  G  H  X  N  G  N  I  N  R  E  C  S  I  D  H  I
T  E  Y  E  S  T  E  F  V  T  H  G  I  R  P  U  C  T
L  W  X  Y  N  J  O  X  D  I  S  G  R  A  C  E  S  Z
```

"A **DISCERNING** son **HEEDS INSTRUCTION**, but a **COMPANION** of **GLUTTONS DISGRACES** his father. Whoever increases **WEALTH** by taking **INTEREST** or **PROFIT** from the poor **AMASSES** it for another, who will be **KIND** to the **POOR**. If anyone turns a **DEAF EAR** to my instruction, even their **PRAYERS** are **DETESTABLE**. Whoever **LEADS** the **UPRIGHT** along an evil **PATH** will fall into their own **TRAP**, but the **BLAMELESS** will receive a good **INHERITANCE**. The rich are **WISE** in their own **EYES**; one who is poor and discerning sees how **DELUDED** they are."

Philippians 4:17-20

```
Q T Q I A X D E E D N I N R J Z D F
Y E K Y B L N I M F E S E G A L E U
O I O U O U E H J K H G M F K R V L
Q Q I S U T I D O R H P A P E A I L
N N U Z N L X U P Z T A H B T C E O
H H L Y D S X E D G N I D R O C C A
Y I U S S V O S A C R I F I C E E C
B H F U Z H A R O M A X M G G P R C
T K Y P S U S E J Y E R M N F T E O
W L O P J C P O E S E H C I R A V U
G N I L L E M S T E E W S S U B E N
L C G Y T H I N G S M V N A I L R T
O H F G I F T N E S Y O E E T E O B
R R X M K F A T H E R O E L P Y F E
Y O W D Q Y I W I H L W D P S E E K
```

"Not that I **SEEK** the **GIFT**, but I seek the **FRUIT** that **ABOUNDS** to your **ACCOUNT**. **INDEED** I have all and abound. i am **FULL**, having **RECEIVED** from **EPAPHRODITUS** the **THINGS** **SENT** from you, a **SWEET-SMELLING** **AROMA**, an **ACCEPTABLE** **SACRIFICE**, well **PLEASING** to God. And my God shall **SUPPLY** all your **NEED** **ACCORDING** to His **RICHES** in **GLORY** by Christ **JESUS**. Now to our God and **FATHER** be glory **FOREVER** and ever. **AMEN**."

```
N D S Y E E O R A M G G N V X C V E
E T E L A N D E M H T R A E B K C A
P L E O J O N V E P L E A D E D E J
S Y B F O W F O N E V A E H G Y Z W
Y R L Q R K P R A Y K T J O U Q A O
T V M M D P L E A S A N T P N I I H
H H G M A S K R O W O E O D E E D S
G N O W N U J J Q T Y S E R V A N T
I K N M O U N T A I N S Y Q N K Q H
M V U B V E S A Y I N G S X Y T P A
V R L S G N I H T Y N A S J G N A N
S L I J E L V Q J P D N O Y E B B D
M I X W V H O K B K A F R X M W C O
Y P L E B A N O N T Y H C Z I I Y O
W T Y J G F J R E Q Z A U T T K P G
```

"Then I **PLEADED** with the LORD at that **TIME**, **SAYING**: 'O Lord GOD, You have **BEGUN** to **SHOW** Your **SERVANT** Your **GREATNESS** and Your **MIGHTY HAND**, for what god is there in **HEAVEN** or on **EARTH** who can do **ANYTHING** like Your **WORKS** and Your mighty **DEEDS**? I **PRAY**, let me **CROSS OVER** and **SEE** the **GOOD LAND BEYOND** the **JORDAN**, those **PLEASANT MOUNTAINS**, and **LEBANON**."

1 Peter 3:1-4

```
X  K  B  N  I  N  C  O  R  R  U  P  T  I  B  L  E  M
X  X  P  B  A  Y  M  W  C  W  Y  Y  R  X  J  E  J  J
X  Y  J  H  C  D  H  U  T  O  L  K  P  Q  L  G  O  H
S  U  O  I  C  E  R  P  H  N  H  H  O  U  I  M  B  U
G  G  S  C  O  K  I  G  G  K  A  K  B  I  A  D  E  S
O  A  Q  H  M  P  E  N  I  F  I  A  S  E  L  C  Y  B
L  E  R  A  P  P  A  U  S  E  R  L  E  T  L  O  G  A
D  B  U  S  A  S  P  I  R  I  T  V  R  O  C  N  T  N
S  S  M  T  N  H  S  E  V  I  W  N  V  P  N  D  D  D
R  J  X  E  I  R  C  U  E  L  T  N  E  G  M  U  S  S
G  R  T  N  E  M  N  R  O  D  A  S  H  B  X  C  I  E
Y  Y  W  O  D  Q  F  N  S  O  F  D  R  A  W  T  U  O
P  B  E  A  U  T  Y  Y  W  E  A  R  I  N  G  L  L  X
R  R  H  E  A  R  T  Z  N  E  D  D  I  H  U  Q  W  U
E  V  I  S  S  I  M  B  U  S  N  H  O  F  P  T  H  K
```

"**WIVES**, likewise, be **SUBMISSIVE** to your own **HUSBANDS**, that even if some do not **OBEY** the word, they, without a word, may be **WON** by the **CONDUCT** of their wives, when they **OBSERVE** your **CHASTE** conduct **ACCOMPANIED** by fear. Do not let your **ADORNMENT** be merely **OUTWARD**—arranging the **HAIR**, **WEARING GOLD**, or putting on **FINE APPAREL**—rather let it be the **HIDDEN** person of the **HEART**, with the **INCORRUPTIBLE BEAUTY** of a **GENTLE** and **QUIET SPIRIT**, which is very **PRECIOUS** in the **SIGHT** of God."

2 Timothy 1:3-7

```
M D I S D H Q P F N F L Z O P T M A
U E F R U V F I L L E D W L E B G S
T D R E V R E S T V B N G X C L V I
H A E H Y T U R E N H U N S N P U O
G U H T H A N K G V V O I C E O D L
I S T A V X B K G I S S R E I W E Z
N R O F Q E C I N U E E I A C E R H
R E M E M B R A N C E U S S S R C A
E P D R V Q Z S T I R S E I N L E V
B N N O N J I Y U M L Y D N O A A I
M Q A F N D L E N I U N E G C Y V R
E W R D W E L T G N L U F D N I M U
M O G I F T W R U D J Q K K U N N G
E J Y H Z T Z U T E A R S H R G E A
R T Y H S H L B Z R E M I N D O V P
```

"I **THANK** God, whom I **SERVE** with a pure **CONSCIENCE**, as my **FOREFATHERS** did, as without **CEASING** I **REMEMBER** you in my prayers **NIGHT** and day, greatly **DESIRING** to see you, being **MINDFUL** of your **TEARS**, that I may be **FILLED** with joy, when I call to **REMEMBRANCE** the **GENUINE** faith that is in you, which **DWELT** first in your **GRANDMOTHER LOIS** and your mother **EUNICE**, and I am **PERSUADED** is in you also. Therefore I **REMIND** you to **STIR** up the **GIFT** of god which is in you through the **LAYING** on of my hands. For god has not given us a spirit of fear, but of **POWER** and of love and of a **SOUND MIND**."

```
S M T Y L L X S U H M F I N A L L Y
S J N V E S K Z C E V I L I P S O R
B E U W U E J T I R E H N I N U P T
A T S G G Y G K F O F U B H K O E F
B R N S N E G M D P U R S U E E N Z
E E F P O E N R H G N I N R U T E R
R F D E T R A E H R E D N E T R B U
E R S A F N O I S S A P M O C U S H
V A K K Z P L Q N Y R A R T N O C C
I I M I N D G Q R L W U P E A C E N
L N A N S W K U K P C K P C A I N
I X A G W E O R T L E Q E A R S L V
N M R S M E R H T I E C E D V V G O
G K W M X K B R O T H E R S F G Z E
A G A I N S T H X B L E S S I N G E
```

"**FINALLY**, all of you be of one **MIND**, having **COMPASSION** for one another; love as **BROTHERS**, be **TENDERHEARTED**, be **COURTEOUS**; not **RETURNING** evil for **EVIL** or reviling for **REVILING**, but on the **CONTRARY** **BLESSING**, knowing that you were called to this, that you may **INHERIT** a blessing. For "He who would love life And see good days, Let him **REFRAIN** his **TONGUE** from evil, And his **LIPS** from **SPEAKING DECEIT**. Let him **TURN** away from evil and do good; Let him **SEEK PEACE** and **PURSUE** it. For the **EYES** of the Lord are on the righteous, And His **EARS** are **OPEN** to their prayers; But the face of the Lord is **AGAINST** those who do evil."

INSANE LEVEL

```
M  T  S  R  O  N  R  E  V  O  G  M  N  I  D  R  A  W
D  O  T  X  T  R  D  E  H  S  I  L  B  A  T  S  E  B
N  L  U  L  C  F  X  B  H  N  Q  M  E  R  R  Y  L  R
E  L  W  N  Y  H  D  S  I  Y  S  F  L  Z  N  S  K  O
R  A  S  J  D  M  I  A  L  D  Z  U  I  O  F  W  U  U
D  M  T  B  B  N  M  P  C  A  P  T  I  V  I  T  Y  Z
L  S  N  O  U  E  I  Z  I  M  E  T  B  T  X  E  S  R
I  D  E  P  R  T  N  Z  P  K  A  T  Q  V  C  S  L  O
H  E  T  Q  L  P  I  R  L  G  K  M  V  I  E  K  K  B
C  E  O  U  H  S  S  Y  E  H  C  A  O  R  P  P  A  E
T  C  M  V  V  X  H  R  D  Y  H  V  P  Q  V  Z  Q  H
S  O  X  Q  X  I  G  D  G  C  J  P  C  P  L  A  N  O
D  R  C  A  Q  N  H  O  E  R  O  E  C  A  L  A  P  L
I  P  P  I  O  I  G  U  D  E  D  D  H  R  D  S  T  D
M  T  F  C  V  J  F  O  X  M  N  O  B  L  E  S  N  M
```

"Thus says the LORD: **'BEHOLD**, I will bring back the **CAPTIVITY** of Jacob's **TENTS**, and have **MERCY** on his dwelling places; the city shall be built upon its own **MOUND**, and the **PALACE** shall **REMAIN** according to its own **PLAN**. Then out of them shall **PROCEED** thanksgiving and the **VOICE** of those who make **MERRY**; I will **MULTIPLY** them, and they shall not **DIMINISH**; I will also glorify them, and they shall not be **SMALL**. Their **CHILDREN** also shall be as before, and their **CONGREGATION** shall be **ESTABLISHED** before Me; and I will **PUNISH** all who **OPPRESS** them. Their **NOBLES** shall be from among them, and their **GOVERNOR** shall come from their **MIDST**; then I will cause him to **DRAW** near, and he shall **APPROACH** Me; For who is this who **PLEDGED** his heart to approach Me?' says the LORD. 'You shall be My people, and I will be your God.' "

```
C J E R I C H O V N S N M C Q P W W
G V R Q O G S F R O A D S I D E X U
C L F F U T E B C H U C L J H U N N
S I G H T I D P S U E A M I T R A B
A L T I P P E M R G D P D M E U I R
D A V I D D K T F E N R D M R H O A
T R Y O M T U D V W I X E E A W R B
L G C V Z A B I I U L L P D Z R B B
A E L G X K E Z X S B P M I A M E I
C R O J R C R U W H C V U A N Y G Y
W D A R E E F Z S O O I J T D L G C
Z W K R E W O E J U S D P E U U I R
M O C H T I A F E T Z A A L D S N E
X R C K Z O Y E C T F O L Y E W G M
G C I T D Q M Y Y K V R X O V S A E
```

"Then they came to **JERICHO**. As Jesus and his **DISCIPLES**, together with a **LARGE CROWD**, were leaving the city, a blind man, **BARTIMAEUS** (which means "son of **TIMAEUS**"), was sitting by the **ROADSIDE BEGGING**. When he heard that it was Jesus of **NAZARETH**, he began to **SHOUT**, "Jesus, Son of **DAVID**, have **MERCY** on me!" Many **REBUKED** him and told him to be **QUIET**, but he shouted all the more, "Son of David, have mercy on me!" Jesus stopped and said, "Call him." So they called to the **BLIND** man, "**CHEER** up! On your **FEET**! He's calling you." Throwing his **CLOAK** aside, he **JUMPED** to his feet and came to Jesus. "What do you want me to do for you?" Jesus asked him. The blind man said, "**RABBI**, I want to see." "Go," said Jesus, "your **FAITH** has healed you." **IMMEDIATELY** he **RECEIVED** his **SIGHT** and followed Jesus along the **ROAD**."

Acts 17:29-34

```
M P T R E S U R R E C T I O N A A S
F R P U N D I V I N E Q P A S T H Q
X O L V A V T L I C N U O C X W R F
D O S R T N F J H E C N A R O N G I
E F O L L O W E R S W X M O G Q H N
R G N I R P S F F O D X H U W R E R
E K D E N O T S O V E R L O O K E D
E S I R A M A D G N K X M I W E K R
N V E W D I O N Y S I U S I L V E R
S U G A P O E R A P P O I N T E D N
N Y D F X L E G A M I B L L I K S C
A V U D W B Q B E C O M M A N D S L
M B J X I B D E S I G N B D L O G W
U T C E J B U S M B F A J P K K O A
H K A O L R T R A I S I N G M Q J H
```

"Therefore since we are God's **OFFSPRING**, we should not think that the **DIVINE** being is like **GOLD** or **SILVER** or **STONE**—an **IMAGE** made by **HUMAN** **DESIGN** and **SKILL**. In the **PAST** God **OVERLOOKED** such **IGNORANCE**, but now he **COMMANDS** all people everywhere to repent. For he has set a day when he will **JUDGE** the world with justice by the man he has **APPOINTED**. He has given **PROOF** of this to everyone by **RAISING** him from the dead." When they heard about the **RESURRECTION** of the dead, some of them **SNEERED**, but others said, "We want to hear you again on this **SUBJECT**." At that, Paul left the **COUNCIL**. Some of the people became **FOLLOWERS** of Paul and believed. Among them was **DIONYSIUS**, a member of the **AREOPAGUS**, also a woman named **DAMARIS**, and a number of others."

Acts 2:14-21

```
S P M S N G I S M O K E B M A Q G C
R R D M R L K Z Z V I S I O N S L Y
A I E A Y L L U F E R A C E A P Q O
H N S D U N F R W Q J B Q L V A A V
K O S L N G U R Q U W I R Z U A N O
L O E W Y O H T C M E L A S U R E J
W M R I P H W T P P H L T F I M O D
O Q D D A B O V E F L O D Z T M E O
L G D W W Z K T L R G W D K O S E O
L D A O J F E E N C S S V R O Z I L
E R L R B R O Q R H F V N P U V W B
F E X C M J F J Y X J I P K T N L V
B A T S E X P L A I N U W H K I K D
Y M B N E V E L E G S T U B J W L Q
U P D U T Y B K L P R O P H E S Y H
```

"Then **PETER** stood up with the **ELEVEN**, raised his voice and **ADDRESSED** the **CROWD**: "**FELLOW** Jews and all of you who live in **JERUSALEM**, let me **EXPLAIN** this to you; listen **CAREFULLY** to what I say. These people are not **DRUNK**, as you **SUPPOSE**. It's only nine in the **MORNING**! No, this is what was spoken by the prophet **JOEL**: "'In the last days, God says, I will **POUR** out my Spirit on all people. Your sons and **DAUGHTERS** will **PROPHESY**, your young men will see **VISIONS**, your old men will **DREAM** dreams. Even on my servants, both men and women, I will pour out my Spirit in those days, and they will prophesy. I will show **WONDERS** in the heavens **ABOVE** and **SIGNS** on the earth **BELOW**, blood and fire and **BILLOWS** of **SMOKE**. The sun will be turned to darkness and the **MOON** to **BLOOD** before the coming of the great and glorious day of the Lord. And everyone who calls on the name of the Lord will be saved.'"

Joel 2:12-16

```
O  O  A  B  O  U  N  D  I  N  G  E  I  S  U  P  A  F
C  Z  Y  B  I  X  F  T  X  L  J  A  M  T  F  D  L  Y
R  R  I  P  E  D  I  R  B  M  M  N  U  N  V  H  E  T
E  C  O  M  P  A  S  S  I  O  N  A  T  E  G  Y  T  I
N  D  Z  V  O  K  T  R  Y  O  G  L  A  M  X  L  A  M
D  W  J  P  K  I  E  E  S  R  N  A  F  R  M  B  R  A
G  I  R  C  V  F  P  B  A  G  I  V  J  A  B  M  C  L
N  G  E  H  B  A  M  M  C  E  N  R  F  G  A  E  E  A
I  R  L  I  O  S  U  A  R  D  R  I  E  K  R  S  S  C
P  A  E  L  M  T  R  H  E  I  U  W  R  H  B  S  N  B
E  I  N  D  U  I  T  C  D  R  O  I  M  E  T  A  O  L
E  N  T  R  H  N  Z  K  M  B  M  A  X  K  F  A  C  O
W  L  S  E  U  G  M  A  H  E  L  D  E  R  S  F  G  W
Y  K  W  N  E  Y  G  R  A  C  I  O  U  S  Z  Y  O  A
U  M  G  N  I  S  R  U  N  W  U  G  A  N  G  E  R  T
```

"Even now," declares the Lord, "return to me with all your heart, with **FASTING** and **WEEPING** and **MOURNING**." **REND** your heart and not your **GARMENTS**. Return to the Lord your God, for he is **GRACIOUS** and **COMPASSIONATE**, slow to **ANGER** and **ABOUNDING** in love, and he **RELENTS** from sending **CALAMITY**. Who knows? He may turn and relent and leave behind a blessing— **GRAIN** offerings and drink **OFFERINGS** for the Lord your God. **BLOW** the **TRUMPET** in Zion, declare a holy fast, call a **SACRED** **ASSEMBLY**. **GATHER** the people, **CONSECRATE** the assembly; bring together the **ELDERS**, gather the **CHILDREN**, those **NURSING** at the breast. Let the **BRIDEGROOM** leave his room and the **BRIDE** her **CHAMBER**."

Ecclesiastes 12:9-14

```
L E H D H Z J U D G E M E N T V G I
J Q I E I M A N K I N D W M Y S F B
L P A N D N H G C O N C L U S I O N
O O T R D A H U L W I E Y T U D F O
R N E A E I S D A O G J N A Y I H Q
D D A W N L K M E O S E S M R D Z R
E E C L M S W N N Q M S P M D E X H
R R H E U S H D O D A G L S X T A U
L E E C K F E H N W K Y T A R C D W
V D R O R T T A N G L U Q A Y E D E
V D O B R A M D E D D E B M E L I A
T B A A G M E J A Y F V D Z Q L T R
Z S P D O A A S N R N F Z G J O I I
V M F C Z T S B R E V O R P E C O E
I K D U P R I G H T R I G H T M N S
```

"Not only was the **TEACHER** wise, but he also **IMPARTED KNOWLEDGE** to the people. He **PONDERED** and **SEARCHED** out and set in **ORDER** many **PROVERBS**. The Teacher searched to find just the **RIGHT** words, and what he wrote was **UPRIGHT** and true. The words of the wise are like **GOADS**, their **COLLECTED** sayings like **FIRMLY EMBEDDED NAILS**—given by one shepherd. Be **WARNED**, my son, of anything in **ADDITION** to them. Of making many **BOOKS** there is no end, and much **STUDY WEARIES** the body. Now all has been heard; here is the **CONCLUSION** of the matter: Fear God and keep his **COMMANDMENTS**, for this is the **DUTY** of all **MANKIND**. For God will bring every deed into **JUDGMENT**, including every **HIDDEN** thing, whether it is good or evil."

Ecclesiastes 9:7-10

```
S  W  B  L  B  A  S  H  T  I  G  D  L  H  Q  K  M  E
Q  D  O  O  F  M  U  O  B  H  N  Q  E  R  C  A  T  T
N  Y  D  L  G  M  W  O  R  K  I  N  G  O  H  I  G  T
V  B  H  E  A  D  E  T  D  G  J  T  D  M  H  W  O  B
G  A  K  P  N  W  X  D  R  E  X  H  E  W  B  I  M  J
G  D  E  V  O  R  P  P  A  M  H  A  L  X  L  N  I  U
N  R  I  Z  I  Q  A  W  L  R  N  T  W  S  W  E  G  S
I  Y  G  M  N  L  O  A  I  I  O  Y  O  L  S  M  H  D
N  J  Z  L  T  U  B  W  N  F  O  M  N  L  O  F  T  N
N  E  O  C  A  O  N  G  Q  K  E  T  K  D  C  S  B  A
A  G  G  Y  R  D  L  S  G  Z  P  M  S  Y  P  I  U  H
L  Y  G  O  F  E  N  J  O  Y  T  I  L  P  X  L  J  N
P  J  X  D  S  U  L  E  F  K  W  L  F  A  H  P  C  Q
P  G  E  S  S  D  L  I  S  C  W  O  E  R  E  D  N  U
X  O  X  V  Y  M  P  M  O  S  N  T  K  V  L  R  S  S
```

"Go, eat your **FOOD** with **GLADNESS**, and drink your **WINE** with a **JOYFUL** heart, for God has already **APPROVED** what you do. Always be **CLOTHED** in **WHITE**, and always **ANOINT** your **HEAD** with **OIL**. **ENJOY** life with your **WIFE**, whom you love, all the days of this **MEANINGLESS** life that God has given you **UNDER** the **SUN**— all your meaningless days. For this is your **LOT** in life and in your **TOILSOME LABOR** under the sun. Whatever your **HAND** finds to do, do it with all your **MIGHT**, for in the **REALM** of the dead, where you are going, there is neither **WORKING** nor **PLANNING** nor **KNOWLEDGE** nor **WISDOM**."

Galatians 2:6-10

```
K  I  H  X  E  D  M  E  R  E  C  O  G  N  I  Z  E  D
J  S  R  S  G  G  E  L  S  U  T  B  M  B  X  T  F  H
S  R  E  A  A  E  M  T  T  R  N  Y  Q  G  D  P  E  E
V  A  B  B  S  N  Q  S  S  K  E  S  A  E  P  R  L  L
H  L  M  A  S  T  S  O  B  U  E  G  S  C  E  E  L  D
C  L  E  N  E  I  A  P  Z  M  R  I  A  N  T  A  O  Y
O  I  M  R  M  L  H  A  A  A  C  T  M  E  E  C  W  X
N  P  E  A  A  E  P  J  K  M  T  O  N  R  R  H  S  F
T  W  R  B  P  S  E  D  U  R  C  L  P  E  N  I  H  A
I  H  N  V  V  C  C  C  O  T  Z  H  X  F  N  N  I  V
N  M  S  I  T  I  R  O  V  A  F  E  K  F  H  G  P  B
U  Q  T  L  J  I  P  G  L  V  B  K  S  I  O  F  E  S
E  X  K  C  C  O  N  T  R  A  R  Y  A  D  J  Q  X  U
M  U  F  N  E  I  A  E  F  M  E  E  T  S  E  Z  L  D
A  Y  U  D  X  W  E  D  C  Y  T  E  C  A  R  G  D  O
```

"As for those who were **HELD** in high **ESTEEM**—whatever they were makes no **DIFFERENCE** to me; God does not show **FAVORITISM**—they added nothing to my **MESSAGE**. On the **CONTRARY**, they **RECOGNIZED** that I had been **ENTRUSTED** with the **TASK** of **PREACHING** the gospel to the **UNCIRCUMCISED**, just as **PETER** had been to the circumcised. For God, who was at work in Peter as an **APOSTLE** to the circumcised, was also at work in me as an apostle to the **GENTILES**. **JAMES**, **CEPHAS** and **JOHN**, those esteemed as **PILLARS**, gave me and **BARNABAS** the right hand of **FELLOWSHIP** when they recognized the **GRACE** given to me. They agreed that we should go to the Gentiles, and they to the circumcised. All they asked was that we should **CONTINUE** to **REMEMBER** the **POOR**, the very thing I had been **EAGER** to do all along."

Romans 15:5-9

```
L  E  A  S  B  A  T  T  I  T  U  D  E  S  T  L  M  L
P  R  A  I  S  E  A  D  R  A  W  O  T  P  I  T  N  N
M  A  V  C  O  H  X  F  I  W  H  G  A  P  T  N  E  Z
E  C  N  A  R  U  D  N  E  R  L  T  R  G  R  E  T  T
U  G  P  H  D  V  T  O  I  O  R  O  L  R  U  M  T  K
V  O  I  C  E  Q  Z  I  R  I  M  Q  N  E  T  E  I  M
Y  K  S  U  R  L  E  I  A  I  M  S  D  M  H  G  R  O
D  A  E  M  E  N  F  R  S  J  E  E  T  O  W  A  W  R
N  S  R  M  O  Y  C  E  G  L  M  L  D  C  R  R  M  E
I  I  V  A  G  H  S  Y  B  R  A  I  B  E  E  U  J  O
M  R  A  M  S  I  N  G  I  E  N  T  Y  B  H  O  M  V
X  E  N  O  L  B  C  F  V  B  J  N  H  E  T  C  E  E
C  G  T  N  Y  A  N  O  S  W  Y  E  M  P  O  N  R  R
Y  D  Y  G  Z  O  P  U  T  V  H  G  C  F  N  E  C  V
P  R  N  F  C  H  A  C  C  E  P  T  W  D  A  Q  Y  I
```

"May the God who gives **ENDURANCE** and **ENCOURAGEMENT** give you the same **ATTITUDE** of **MIND** **TOWARD** each other that Christ Jesus had, so that with **ONE** mind and one **VOICE** you may **GLORIFY** the God and Father of our Lord Jesus Christ. **ACCEPT** one **ANOTHER**, then, just as Christ accepted you, in **ORDER** to bring **PRAISE** to God. For I tell you that Christ has **BECOME** a **SERVANT** of the Jews on behalf of God's **TRUTH**, so that the **PROMISES** made to the **PATRIARCHS** might be **CONFIRMED** and, **MOREOVER**, that the **GENTILES** might glorify God for his **MERCY**. As it is **WRITTEN**: "Therefore I will praise you **AMONG** the Gentiles; I will **SING** the praises of your **NAME**."

```
S  N  F  I  H  D  E  S  I  M  O  R  P  A  K  P  I  A
A  R  R  D  M  E  U  N  C  H  A  N  G  I  N  G  P  Y
N  E  A  E  N  P  I  P  R  I  E  S  T  V  U  X  N  W
C  N  E  D  E  G  A  R  U  O  C  N  E  S  G  N  Q  C
T  N  L  B  K  Y  P  A  S  D  X  B  H  K  I  R  R  R
U  U  C  A  U  U  N  C  H  A  N  G  E  A  B  L  E  I
A  R  I  S  G  C  S  M  N  L  C  D  T  D  B  G  M  D
R  E  Y  E  H  E  R  K  U  B  E  R  T  J  H  P  E  F
Y  R  D  O  R  I  L  O  E  Z  U  K  R  O  O  S  N  L
V  O  R  U  F  A  S  S  I  C  R  E  J  S  O  L  I  E
Z  F  T  I  W  H  E  H  Q  N  N  U  S  P  Y  V  X  D
N  A  I  M  O  C  C  O  N  F  I  R  M  E  D  K  O
N  F  N  L  U  L  G  O  I  C  B  U  O  A  T  H  R  W
C  Z  D  R  E  B  C  Y  I  L  P  X  L  D  B  F  S  T
R  Y  E  M  X  Q  Q  D  E  D  T  W  U  L  G  R  D  C
```

"Because God wanted to make the **UNCHANGING NATURE** of his **PURPOSE** very **CLEAR** to the **HEIRS** of what was **PROMISED**, he **CONFIRMED** it with an **OATH**. God did this so that, by **TWO UNCHANGEABLE** things in which it is **IMPOSSIBLE** for God to **LIE**, we who have **FLED** to take **HOLD** of the hope set before us may be greatly **ENCOURAGED**. We have this hope as an **ANCHOR** for the **SOUL**, **FIRM** and **SECURE**. It enters the **INNER SANCTUARY** behind the **CURTAIN**, where our **FORERUNNER**, Jesus, has entered on our behalf. He has become a high **PRIEST** forever, in the order of **MELCHIZEDEK**."

Psalm 147:12-20

```
Z  R  I  C  Y  M  G  K  I  U  U  H  V  A  J  S  A  B
L  B  T  F  I  R  C  N  Q  B  X  B  Z  F  R  I  A  H
I  Z  L  B  A  R  S  X  Q  F  E  R  F  I  W  U  Y  U
A  F  I  N  E  S  T  V  U  I  Z  E  R  N  O  T  L  R
H  F  T  S  T  R  E  N  G  T  H  E  N  S  O  N  T  L
W  S  E  L  B  B  E  P  G  N  H  Z  I  F  L  S  F  S
S  N  O  W  U  Y  A  S  F  C  G  E  L  L  O  A  I  E
B  O  R  D  E  R  S  O  A  R  S  S  B  O  T  Q  W  H
J  E  R  U  S  A  L  E  M  T  O  Y  I  W  X  G  S  S
P  R  G  T  E  W  Q  M  T  C  I  S  A  I  E  F  Z  A
K  J  A  U  E  O  F  E  S  F  H  S  T  Z  G  O  K  U
S  W  T  D  R  I  U  L  A  Y  L  C  F  Y  Z  V  C  Y
K  E  E  X  C  N  Y  T  L  L  D  K  F  I  I  D  R  D
U  V  S  W  E  H  W  S  B  T  A  E  H  W  E  J  B  M
P  L  P  D  D  S  I  Q  H  Q  S  W  V  O  B  S  M  V
```

"**EXTOL** the Lord, **JERUSALEM**; praise your God, **ZION**. He **STRENGTHENS** the **BARS** of your **GATES** and blesses your people within you. He **GRANTS** peace to your **BORDERS** and **SATISFIES** you with the **FINEST** of **WHEAT**. He sends his command to the earth; his word runs **SWIFTLY**. He spreads the **SNOW** like **WOOL** and scatters the **FROST** like **ASHES**. He **HURLS** down his **HAIL** like **PEBBLES**. Who can withstand his **ICY BLAST**? He sends his word and **MELTS** them; he stirs up his **BREEZES**, and the waters **FLOW**. He has revealed his word to Jacob, his laws and **DECREES** to Israel. He has done this for no other nation; they do not know his laws. Praise the Lord."

Isaiah 41:10-14

```
D E P D I S G R A C E D L O H P U Z
J K Z V S X T E R P L E H D I L E J
B B B Q Z I S R A E L L E M R O W A
I N C E N S E D E D F C Q N W D K C
H O O C W D F P A N E V O Q H Y R O
G T Z O H E D F X B G N O O B D E B
W H Q H S M E X B P E T L E N L D G
I I H J I A D Q J X G D H A T Y E V
X N W A R H N H I G W O H E S K E I
U G H D E S E S A A L K N R N Y M J
Y L O H P A T M R D O E O A I F E H
X B Q W J E N D N I F E M Q A G R V
D I M Z N V O P M O E S E P G H H N
J W Q T Z W C Y S T R I V E A G S T
T I U P W Z K I T H D E Y A M S I D
```

"Fear not, for I am with you; Be not **DISMAYED**, for I am your God. I will **STRENGTHEN** you, yes, I will **HELP** you, I will **UPHOLD** you with My righteous **RIGHT** hand.' "**BEHOLD**, all those who were **INCENSED** against you shall be **ASHAMED** and **DISGRACED**; They shall be as **NOTHING**, and those who **STRIVE** with you shall **PERISH**. You shall **SEEK** them and not **FIND** them—Those who **CONTENDED** with you. Those who **WAR AGAINST** you shall be as nothing, as a **NONEXISTENT** thing. For I, the Lord your God, will **HOLD** your right **HAND**, saying to you, 'Fear not, I will help you.' "Fear not, you **WORM JACOB**, you men of **ISRAEL**! I will help you," says the Lord and your **REDEEMER**, the **HOLY** One of Israel."

2 Corinthians 4:2-5

```
N  X  G  B  G  N  I  K  L  A  W  L  B  U  H  Z  A  F
Q  M  J  L  S  X  P  I  S  I  M  A  G  E  G  W  A  P
G  I  G  N  I  L  D  N  A  H  V  O  B  O  N  A  E  R
R  N  W  L  M  X  S  H  A  M  E  V  F  F  I  B  P  C
X  D  X  Q  D  E  C  N  U  O  N  E  R  F  D  E  E  R
J  S  M  A  N  I  F  E  S  T  A  T  I  O  N  L  R  A
E  H  V  E  I  L  E  D  S  G  Y  P  O  M  E  I  I  F
K  I  O  L  C  O  N  S  C  I  E  N  C  E  M  E  S  T
A  D  Q  G  S  E  V  L  E  S  R  U  O  R  M  V  H  I
S  D  Y  L  L  U  F  T  I  E  C  E  D  G  O  E  I  N
X  E  M  U  T  L  N  A  S  I  G  H  T  T  C  L  N  E
D  N  Z  P  B  D  Q  Y  S  D  H  D  L  J  R  E  G  S
R  T  N  A  V  R  E  S  D  N  O  B  K  O  J  U  Y  S
G  S  H  I  N  E  J  T  H  G  I  L  B  A  G  E  T  D
K  W  M  B  L  I  N  D  E  D  P  R  E  A  C  H  C  H
```

"But we have **RENOUNCED** the **HIDDEN** things of **SHAME**, not **WALKING** in **CRAFTINESS** nor **HANDLING** the word of God **DECEITFULLY**, but by **MANIFESTATION** of the **TRUTH COMMENDING OURSELVES** to every man's **CONSCIENCE** in the **SIGHT** of God. But even if our gospel is **VEILED**, it is veiled to those who are **PERISHING**, whose **MINDS** the god of this **AGE** has **BLINDED**, who do not **BELIEVE**, lest the **LIGHT** of the gospel of the glory of Christ, who is the **IMAGE** of God, should **SHINE** on them. For we do not **PREACH** ourselves, but Christ Jesus the Lord, and ourselves your **BONDSERVANTS** for Jesus' **SAKE**."

Colossians 3:5-10

```
U Y W D G U L I E R N V V Q T L S W
Y H T L I F V N A F Y C X N R A L K
T P W S C G B G W R R B X F X U A D
I R A F N N E D D E S I R E S X N B
R A L L B M D F A A R E N E W E D Q
U C K W L Z H T I K H I H R U S E H
P T F D K Z O S U G A D X L E M R E
M I M M O R A L I T Y P R D K V D M
I C V A U P A D K M N E A A V D I A
D E G I T N O L D I A T Q N W E R L
U S X A G L N N M G H G T G Y E T I
W Q I U A I X H E T Z S E E Y R Q C
M L A T M P Z N A T U R E R Q G V E
X G R T G S M R D L F B F Y X W J J
E Y V S T I W G S V U F Z U Q Y A F
```

"Put to death, therefore, whatever belongs to your earthly **NATURE**: **SEXUAL IMMORALITY**, **IMPURITY**, **LUST**, **EVIL DESIRES** and **GREED**, which is **IDOLATRY**. Because of these, the **WRATH** of God is coming. You used to **WALK** in these ways, in the life you once lived. But now you must also **RID** yourselves of all such things as these: **ANGER**, **RAGE**, **MALICE**, **SLANDER**, and **FILTHY LANGUAGE** from your **LIPS**. Do not **LIE** to each other, since you have taken off your **OLD** self with its **PRACTICES** and have put on the new self, which is being **RENEWED** in knowledge in the **IMAGE** of its **CREATOR**."

Ephesians 5:15-20

Puzzle : 90

```
Z S I N G W C L B E S K N A H T Y N
X B B N I I U S H H R N Q H I R A A
Z L C N S F H Y M N S J X I W R X M
T I E U E K K A R S N K A Q D H L E
X V M R L E A D S F Y N D D Y C A S
U E A Y T I N U T R O P P O B E Y G
J C C P Z R N K E T P O W Q S R E M
X E G Z E B N H H X P U L L I W M L
H T N S S U C E P K D Q J I T V I K
G D I W R U R F E E S G N O S V E P
B W K D A P Y S L R P X L Z E H B S
C S A B G V I L P F N M B V U M A A
F Y E O J W I M T R S P I R I T B L
P D P I N F X U N D E R S T A N D M
Y R S U M W Z E E U J P C K U J A S
```

"Be very **CAREFUL**, then, how you **LIVE**—not as **UNWISE** but as **WISE**, making the most of every **OPPORTUNITY**, because the **DAYS** are **EVIL**. Therefore do not be **FOOLISH**, but **UNDERSTAND** what the Lord's **WILL** is. Do not get **DRUNK** on **WINE**, which **LEADS** to **DEBAUCHERY**. Instead, be **FILLED** with the **SPIRIT**, **SPEAKING** to one **ANOTHER** with **PSALMS**, **HYMNS**, and **SONGS** from the Spirit. **SING** and make **MUSIC** from your heart to the Lord, always giving **THANKS** to God the Father for everything, in the **NAME** of our Lord Jesus Christ."

97

Revelation 21:1-4

```
G  Q  G  X  F  Y  H  P  Q  U  Z  H  I  Y  A  W  A  Q
I  D  V  I  Y  O  O  A  W  P  A  D  F  I  R  S  T  Y
Q  B  F  K  T  G  N  I  Y  R  C  R  V  Y  N  O  E  L
F  E  R  A  I  D  P  N  W  A  E  A  D  S  E  D  R  L
V  J  O  I  C  E  K  Q  E  P  D  E  R  A  P  E  R  P
V  G  R  F  D  Y  D  I  K  N  D  H  B  S  R  S  Y  E
O  B  D  A  B  E  A  U  T  I  F  U  L  L  Y  S  S  D
I  J  E  R  U  S  A  L  E  M  M  L  M  Q  V  E  J  W
C  W  R  L  I  U  B  Q  T  H  R  O  N  E  R  R  H  E
E  F  R  O  K  Z  A  X  P  W  U  N  S  P  U  D  Y  L
H  I  E  U  Y  K  D  B  X  R  V  G  E  A  A  D  X  L
B  W  R  D  R  E  P  F  N  H  O  E  I  S  W  O  D  I
U  H  B  A  Z  V  B  I  V  V  G  R  N  S  K  W  O  N
R  H  E  G  W  R  N  Q  K  Z  A  E  C  E  H  N  Y  G
E  T  S  E  A  G  W  G  Q  G  W  B  Y  D  L  G  O  N
```

"Then I **SAW** "a **NEW** heaven and a new earth," for the **FIRST** heaven and the first earth had **PASSED AWAY**, and there was no **LONGER** any **SEA**. I saw the Holy **CITY**, the new **JERUSALEM**, coming **DOWN** out of heaven from God, **PREPARED** as a **BRIDE BEAUTIFULLY DRESSED** for her husband. And I **HEARD** a **LOUD VOICE** from the **THRONE** saying, "Look! God's **DWELLING** place is now among the people, and he will dwell with them. They will be his people, and God himself will be with them and be their God. 'He will **WIPE** every **TEAR** from their eyes. There will be no more death' or **MOURNING** or **CRYING** or **PAIN**, for the old **ORDER** of things has passed away."

Revelation 22:1-5

```
J  F  F  P  S  C  E  F  E  O  S  H  T  V  M  C  P  P
W  P  V  N  K  L  A  Z  H  S  A  K  U  P  A  M  E  E
G  I  P  D  D  E  X  A  B  T  R  E  I  G  N  C  E  E
I  X  P  D  I  A  C  C  J  E  N  U  I  E  A  G  N  V
W  C  I  E  P  R  G  R  V  E  I  O  C  F  N  W  O  R
P  M  A  L  A  Q  P  I  Y  K  G  G  M  O  T  R  R  E
J  E  S  U  S  S  R  V  R  S  H  N  L  R  A  N  H  S
P  A  F  P  Z  T  S  E  L  X  T  M  A  E  X  X  T  T
C  L  O  T  L  N  T  E  B  E  W  A  P  H  H  T  H  R
V  R  O  H  K  A  A  S  G  N  I  D  L  E  I  Y  Q  E
C  F  D  B  W  V  M  Q  J  J  W  V  A  A  A  I  S  E
N  I  I  Z  E  R  K  B  C  R  X  L  Z  D  T  D  X  T
U  T  H  S  S  E  J  S  Y  S  I  M  L  S  M  R  L  Q
S  I  M  A  P  S  I  I  L  N  P  G  T  H  A  U  U  V
D  U  J  R  C  I  T  Y  G  S  N  D  D  T  R  E  E  D
```

"Then the angel showed me the **RIVER** of the **WATER** of life, as **CLEAR** as **CRYSTAL**, flowing from the **THRONE** of God and of the **LAMB** down the **MIDDLE** of the great **STREET** of the city. On each side of the river stood the **TREE** of life, bearing twelve **CROPS** of **FRUIT**, **YIELDING** its fruit every **MONTH**. And the **LEAVES** of the tree are for the **HEALING** of the nations. No longer will there be any **CURSE**. The throne of God and of the Lamb will be in the **CITY**, and his **SERVANTS** will **SERVE** him. They will see his **FACE**, and his name will be on their **FOREHEADS**. There will be no more **NIGHT**. They will not need the light of a **LAMP** or the light of the **SUN**, for the Lord God will give them light. And they will **REIGN** for ever and ever."

1 Corinthians 2:10-13

```
Q  W  W  R  N  Q  P  O  J  K  A  E  P  S  G  K  P  S
Q  L  W  E  C  R  J  E  A  S  X  E  V  O  R  X  P  H
D  E  L  A  E  V  E  R  R  C  P  Y  P  E  G  S  Z  S
L  S  A  L  U  G  J  H  E  S  L  I  C  E  E  A  S  G
R  P  Q  I  U  R  E  P  I  E  O  E  R  A  E  T  N  N
O  I  G  T  W  N  T  X  E  Q  I  N  R  I  H  D  H  I
W  R  Z  I  S  B  D  R  P  V  Z  C  S  G  T  Q  E  H
O  I  F  E  B  D  F  E  E  L  H  H  U  G  I  U  Q  T
G  T  A  S  P  W  M  D  R  E  A  O  Z  A  T  A  A  D
L  T  J  S  U  F  P  O  S  S  H  I  E  Y  T  T  W  L
S  A  A  N  P  U  W  V  D  T  T  G  N  Y  A  K  O  Q
O  U  S  U  Y  I  T  A  Q  S  X  A  K  I  D  M  R  V
W  G  Z  L  G  P  R  X  Y  S  I  P  N  M  N  X  D  O
N  H  M  N  R  H  N  I  H  T  I  W  I  D  I  G  S  H
G  T  M  W  B  U  T  M  T  R  H  L  N  A  M  U  H  X
```

"These are the **THINGS** God has **REVEALED** to us by his **SPIRIT**. The Spirit **SEARCHES** all things, even the **DEEP** things of God. For who knows a **PERSON'S THOUGHTS EXCEPT** their **OWN** spirit **WITHIN** them? In the same **WAY** no one knows the thoughts of God except the Spirit of God. What we have **RECEIVED** is not the spirit of the **WORLD**, but the Spirit who is from God, so that we **MAY UNDERSTAND** what God has **FREELY** given us. This is what we **SPEAK**, not in **WORDS TAUGHT** us by **HUMAN WISDOM** but in words taught by the Spirit, **EXPLAINING SPIRITUAL REALITIES** with **SPIRIT-TAUGHT** words."

Isaiah 2:3-5

```
S  W  O  R  D  S  M  X  O  S  W  C  U  M  U  W  T  M
J  T  O  Z  P  J  U  D  G  E  C  O  M  E  A  L  J  V
S  U  I  T  B  L  L  Z  N  P  E  N  P  R  K  P  H  R
E  O  S  E  R  A  H  S  W  O  L  P  Y  I  P  O  F  E
N  K  A  M  N  I  A  R  T  W  J  L  Z  A  O  N  R  M
U  T  S  E  Z  R  I  O  N  N  I  O  T  K  T  G  P  R
K  W  A  L  A  O  N  E  O  G  A  H  S  I  E  T  Q  E
N  S  R  A  E  P  S  L  H  P  S  D  S  W  A  Z  I  L
E  Q  F  S  P  K  Y  T  W  A  R  G  N  W  C  B  M  P
E  Q  Y  U  D  P  A  T  J  T  D  U  Q  E  H  R  X  M
W  M  J  R  D  D  W  E  V  K  J  G  N  A  C  O  K  E
T  P  R  E  I  Q  M  S  E  T  U  P  S  I  D  S  H  T
E  E  B  J  U  F  U  K  L  A  W  E  P  V  N  Z  E  Z
B  O  C  A  J  W  C  L  S  M  G  Z  L  J  B  G  B  D
F  I  R  I  J  K  T  N  I  A  T  N  U  O  M  Z  A  L
```

"Many peoples will come and say, "**COME**, let us go up to the **MOUNTAIN** of the Lord, to the **TEMPLE** of the God of **JACOB**. He will **TEACH** us his **WAYS**, so that we may **WALK** in his **PATHS**." The **LAW** will go out from **ZION**, the word of the Lord from **JERUSALEM**. He will **JUDGE BETWEEN** the nations and will **SETTLE DISPUTES** for many peoples. They will **BEAT** their **SWORDS** into **PLOWSHARES** and their **SPEARS** into **PRUNING HOOKS**. Nation will not take up sword against nation, nor will they **TRAIN** for **WAR** anymore. Come, **DESCENDANTS** of Jacob, let us walk in the **LIGHT** of the Lord."

```
N  F  P  J  T  S  E  C  E  I  P  S  F  A  T  T  D  A
H  E  T  Q  C  R  H  O  S  T  S  T  U  Y  L  P  D  W
T  A  E  F  K  E  X  M  O  U  N  T  A  I  N  W  I  Z
A  S  A  Z  S  V  N  H  O  M  P  P  Q  O  E  N  V  H
E  T  R  H  J  O  M  C  I  G  I  G  G  L  E  E  N  H
D  B  S  X  J  W  S  R  O  Y  D  W  L  S  I  S  Y  O
D  S  U  E  I  U  E  U  C  V  O  R  W  L  U  P  A  U
I  Q  I  P  E  V  U  H  R  L  E  R  N  U  R  O  Q  X
B  A  E  D  E  L  O  S  L  F  E  R  T  Y  W  K  Q  E
V  W  R  R  V  I  U  A  I  B  A  U  I  S  K  E  F  W
Z  T  O  W  C  W  W  N  U  S  I  C  X  N  E  N  U  O
H  F  G  E  Q  S  E  K  Q  M  L  B  E  T  G  D  G  R
P  G  C  F  Y  D  E  S  E  C  A  F  H  T  Z  E  R  R
P  D  C  A  S  T  N  I  B  K  V  Y  M  P  H  A
V  G  W  Q  K  R  O  G  F  G  S  N  O  I  T  A  N  M
```

"And in this **MOUNTAIN** the Lord of **HOSTS** will make for all people a **FEAST** of **CHOICE PIECES**, a feast of **WINES** on the **LEES**, of **FAT** things full of **MARROW**, of **WELL-REFINED** wines on the lees. And He will **DESTROY** on this mountain the **SURFACE** of the **COVERING CAST OVER** all people, and the **VEIL** that is spread over all **NATIONS**. He will **SWALLOW** up **DEATH FOREVER**, and the Lord God will **WIPE** away **TEARS** from all **FACES**; The **REBUKE** of His people He will take away from all the earth; For the Lord has **SPOKEN**."

Hebrews 13:1-6

```
L Y Q Q S C R N K V Q T C U D N O C
B D W S F S Q E S T R A N G E R S O
Z O G D C O E S B A C H A I N E D R
R B X E U D R N S M Y L D L O B S Y
C S G L S H E S S V E V A E L R Y S
O E E I R M Z N A U L M M P O E L R
N H G F E I W E T K O K E T M G G E
T O A E N S S R U E E T A R A D N R
E N I D O T L E N R C E N G U I E
N O R N S R R I J P I T T V W J T T
T R R U I E X M E N L T A U O G T L
G A A P R A Z W R V K E N I X C I U
D B M T P T Q O C A D A H O N R W D
E L E H G E F T E G R O F T C R N A
R E M D H D B R O T H E R L Y A U N
```

"Let **BROTHERLY** love **CONTINUE**. Do not **FORGET** to **ENTERTAIN** **STRANGERS**, for by so doing some have **UNWITTINGLY** entertained angels. **REMEMBER** the **PRISONERS** as if **CHAINED** with them—those who are **MISTREATED**—since you yourselves are in the **BODY** also. **MARRIAGE** is **HONORABLE** among all, and the **BED** **UNDEFILED**; but **FORNICATORS** and **ADULTERERS** God will **JUDGE**. Let your **CONDUCT** be without **COVETOUSNESS**; be **CONTENT** with such things as you have. For He Himself has said, "I will never **LEAVE** you nor **FORSAKE** you." So we may **BOLDLY** say: "The Lord is my **HELPER**; I will not fear. What can man do to me?"

```
W P N R P A Y H P B B L A Z I N G U
D E C N E D I V E W A N G E L S Z L
E R K F T U X Z R H D B N T M G J U
T S Z E Y X B E S P B V I N G M U F
N E G I Q A O R E P Z I R E R G V R
U V R L B N A O C S D N U M E H E E
O E O E S O M U N H C D G V P L W
C R W R E T T F T U A R N D E T B O
D A I D H H F E I T P E E U A H U P
E N N A C E D K O R P A I J L G O S
P C G O R R R J N I E S J Y E U R X
P E J I U N J I S A N I N Q D O T W
D H N Y H G L Q G L B N R E S U L T
R G E R C U I X V S Z G S X E E I I
U B A S D Y H T R O W Z N E S O E N
```

"We **OUGHT** always to thank God for you, brothers and sisters, and rightly so, because your faith is **GROWING** more and **MORE**, and the love all of you have for one **ANOTHER** is **INCREASING**. Therefore, among God's **CHURCHES** we **BOAST** about your **PERSEVERANCE** and faith in all the **PERSECUTIONS** and **TRIALS** you are **ENDURING**. All this is **EVIDENCE** that God's **JUDGMENT** is right, and as a **RESULT** you will be **COUNTED WORTHY** of the kingdom of God, for which you are **SUFFERING**. God is just: He will **PAY** back **TROUBLE** to those who trouble you and give **RELIEF** to you who are troubled, and to us as well. This will **HAPPEN** when the Lord Jesus is **REVEALED** from heaven in **BLAZING** fire with his **POWERFUL ANGELS**. "

Matthew 19:28-30

```
L  N  H  O  U  S  E  S  Z  A  S  D  S  C  K  S  T  F
H  P  L  W  U  U  Q  G  N  R  E  B  B  D  D  L  H  Y
B  O  V  U  T  O  N  O  E  G  S  A  K  E  E  A  R  F
L  U  W  T  L  I  J  H  M  O  T  H  E  R  W  W  O  O
F  T  B  N  G  R  T  T  B  B  K  E  D  D  O  E  N  M
A  P  I  D  L  O  X  W  S  X  C  D  X  N  L  N  E  T
T  U  U  R  R  L  N  Z  R  R  H  G  T  U  L  E  L  B
H  J  M  B  E  G  E  G  Q  T  I  U  R  H  O  R  L  N
E  U  L  L  B  H  P  T  V  S  L  F  U  Z  F  X  F  T
R  V  X  A  S  J  N  T  T  D  D  G  L  M  J  I  T  S
T  E  I  L  N  P  S  I  J  E  R  Z  Y  L  E  W  E  Y
L  S  K  E  I  R  F  N  F  P  E  V  Y  L  E  B  P  V
E  X  A  G  C  W  E  I  T  P  N  Z  D  L  I  E  M  O
F  X  C  L  Z  E  W  T  J  I  D  S  V  R  E  B  H  I
T  O  T  B  R  O  R  W  E  S  R  E  T  S  I  S  G  K
```

"Jesus said to them, "**TRULY** I **TELL** you, at the **RENEWAL** of all things, when the Son of Man sits on his **GLORIOUS THRONE**, you who have **FOLLOWED** me will also sit on **TWELVE** thrones, **JUDGING** the twelve **TRIBES** of Israel. And everyone who has **LEFT HOUSES** or **BROTHERS** or **SISTERS** or **FATHER** or **MOTHER** or **WIFE** or **CHILDREN** or **FIELDS** for my **SAKE** will **RECEIVE** a **HUNDRED** times as much and will **INHERIT ETERNAL** life. But many who are **FIRST** will be last, and many who are **LAST** will be first."

```
T  G  G  D  T  W  P  R  E  A  C  H  I  N  G  B  N  I
M  C  N  U  L  X  A  Z  N  I  A  T  R  E  T  N  E  W
C  T  E  I  D  W  F  G  Q  O  I  Q  R  I  C  O  R  E
X  X  Y  L  N  J  R  A  E  L  B  U  O  D  H  I  F  R
O  L  L  Y  E  R  R  V  S  K  H  N  Y  A  T  Q  U
U  V  F  G  P  F  A  D  N  O  T  Q  O  T  R  A  Y  T
G  O  B  G  Y  E  T  W  Z  O  R  B  H  I  G  S  E  P
N  W  I  T  N  E  S  S  E  S  X  I  Y  L  E  U  L  I
I  N  S  T  R  U  C  T  I  O  N  S  T  A  W  C  D  R
H  Y  C  D  I  R  E  C  T  I  G  L  T  I  U  C  E  C
C  I  T  H  C  R  U  H  C  P  N  Q  Q  T  S  A  R  S
A  T  I  C  R  E  K  R  O  W  T  P  J  R  Q  M  S  O
E  V  O  R  P  E  R  A  F  E  S  R  I  A  F  F  A  Z
T  F  I  G  N  I  D  A  E  R  T  B  O  P  J  S  O  P
T  B  L  M  U  Z  Z  L  E  G  R  A  I  N  N  E  S  N
```

"The **ELDERS** who **DIRECT** the **AFFAIRS** of the **CHURCH** well are worthy of **DOUBLE** **HONOR**, especially those whose work is **PREACHING** and **TEACHING**. For **SCRIPTURE** says, "Do not **MUZZLE** an **OX** while it is **TREADING** out the **GRAIN**," and "The **WORKER** deserves his **WAGES**." Do not **ENTERTAIN** an **ACCUSATION** against an elder unless it is brought by two or three **WITNESSES**. But those elders who are sinning you are to **REPROVE** before everyone, so that the others may take **WARNING**. I **CHARGE** you, in the sight of God and Christ Jesus and the **ELECT** angels, to keep these **INSTRUCTIONS** without **PARTIALITY**, and to do nothing out of **FAVORITISM**."

2 Corinthians 4:7-12

```
P O W E R B P B H Z S K N H R Y P H
D Q L A R X N W O D F H Z V A A H H
R I C R E U K U P A E D I S D Z A T
W U E T K J S Z F O R S A K E N R H
J I X H A S D A D D E A T H B O D Y
Z L C E S D E D E T U C E S R E P Q
V Z N C E S D L R H S E L F E R D
E G L R R T T L I Z T Z F N K I E G
S N L D U S R A V E T T S C L X S N
S I E E S E O T E K T H U Y E V S I
E Y N S H F Y R R D U R R L E B E K
L R C P E I E O H T U P N F W D R
S R E A D N D M D S E R B Y I R U O
V A U I F A C Z Z E E D X H L Q F W
Z C X R T M B B U P P M K R G S Z Y
```

"But we have this **TREASURE** in **EARTHEN VESSELS**, that the **EXCELLENCE** of the **POWER** may be of God and not of us. We are **HARD-PRESSED** on every **SIDE**, yet not **CRUSHED**; we are **PERPLEXED**, but not in **DESPAIR**; **PERSECUTED**, but not **FORSAKEN**; **STRUCK DOWN**, but not **DESTROYED**—always **CARRYING** about in the **BODY** the dying of the Lord Jesus, that the **LIFE** of Jesus also may be **MANIFESTED** in our body. For we who live are always **DELIVERED** to **DEATH** for Jesus' **SAKE**, that the life of Jesus also may be manifested in our **MORTAL FLESH**. So then death is **WORKING** in us, but life in you."

BONUS PUZZLE

Proverbs 16:1-6

```
C O W N S N A R U P Y M A I Y I D E
P R K S H U M E S E V O F T A D E S
R Y S T R H E S I D I T R H F U O L
N A D C N X S H N E T T S E N L N B
P W E G R U D E U P E S T S A A E U
D S O T N Z E U S N A S Y S U D C I
E F N G S Y T H P U B E I D O C P E
O E E U D R E I N R D E S A R P R N
N A T I E K V W G A N D I S R F N E
E R D E W C E M S E S N O T E E C S
D N H N W I E A T A W A V A N S N L
E N T O C I T I L B E R P L O L D B
O U A B P M H S T D D U I E V B E E
N E R O R M O C D E O N A O L E O S
E I E P N W E I G H H R Y N G F N L
```

"To **HUMANS** **BELONG** the **PLANS** of the heart, but from the Lord comes the **PROPER** **ANSWER** of the **TONGUE**. All a person's **WAYS** seem **PURE** to them, but **MOTIVES** are **WEIGHED** by the Lord. **COMMIT** to the Lord whatever you do, and he will **ESTABLISH** your plans. The Lord **WORKS** out **EVERYTHING** to its proper end—even the **WICKED** for a **DAY** of **DISASTER**. The Lord **DETESTS** all the **PROUD** of heart. Be sure of this: They will not go **UNPUNISHED**. Through **LOVE** and **FAITHFULNESS** sin is **ATONED** for; through the **FEAR** of the Lord evil is **AVOIDED**."

SOLUTIONS

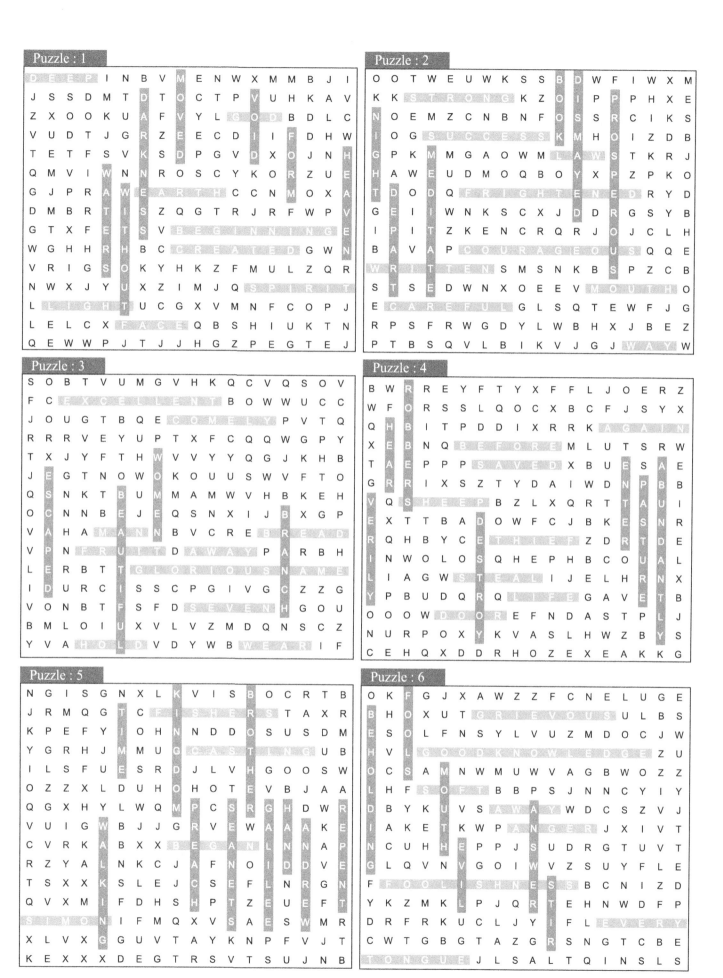

111

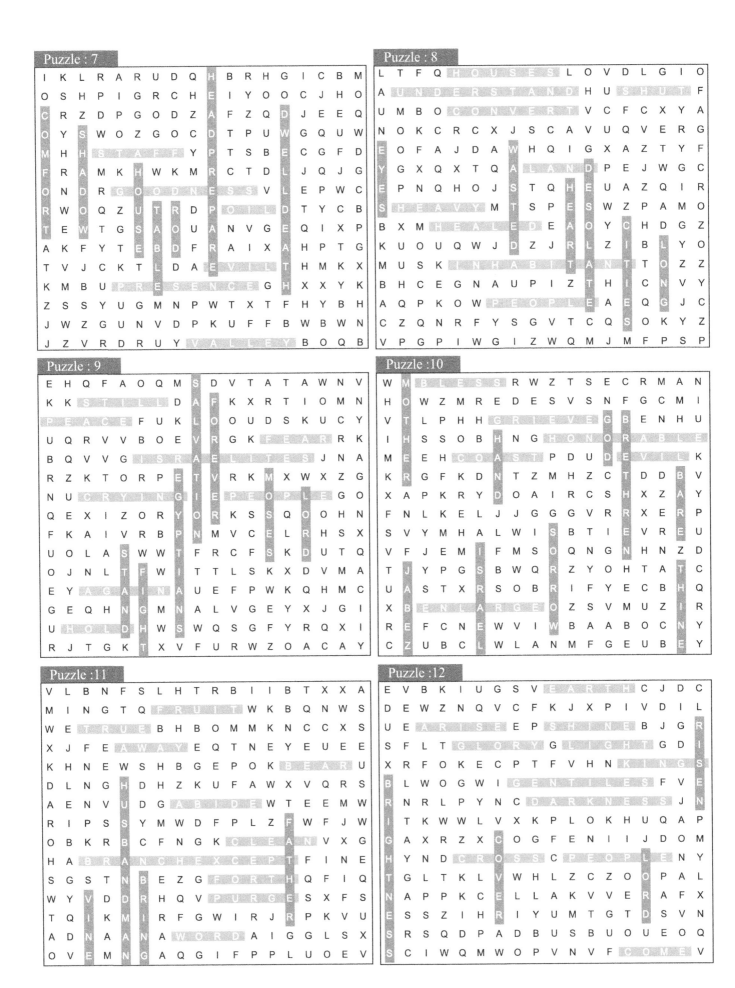

112

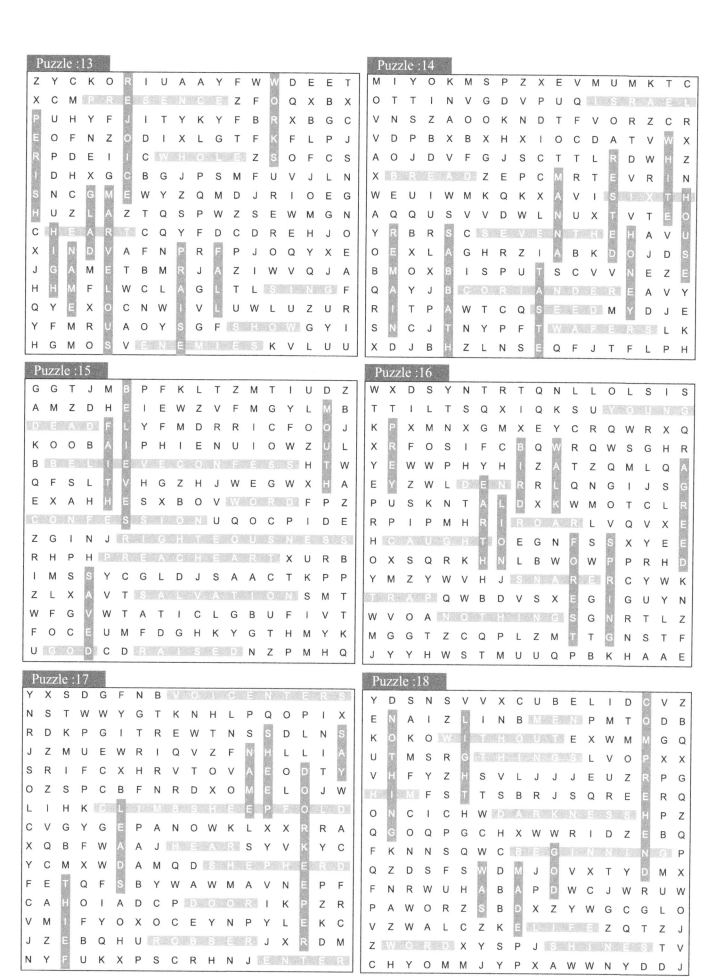

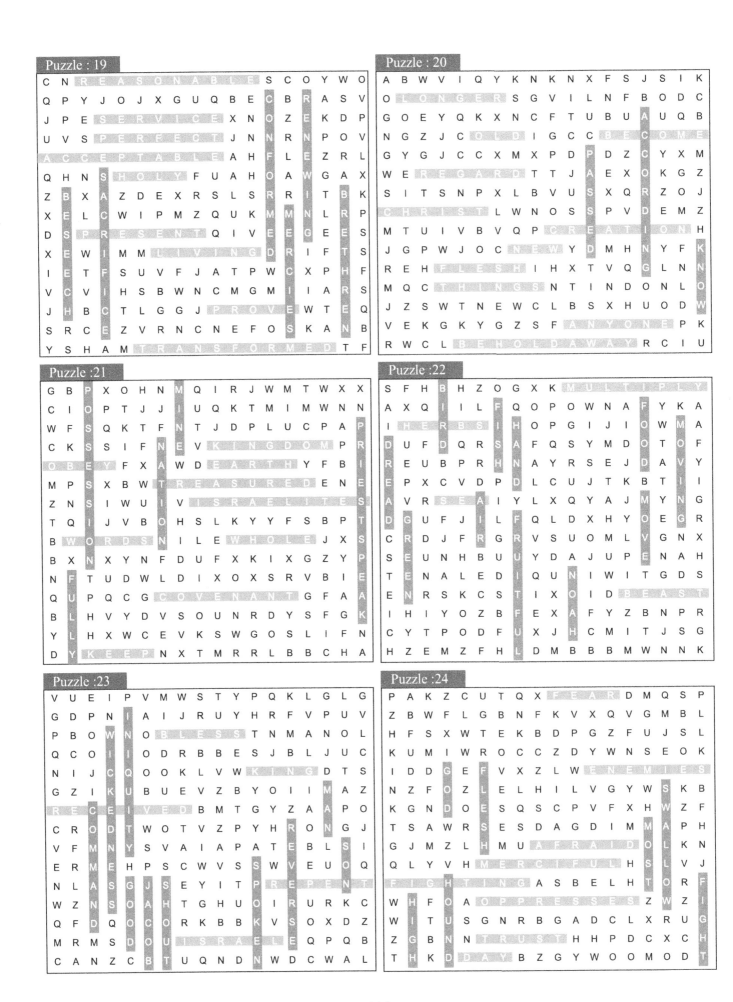

Puzzle : 19

```
C N R E A S O N A B L E S C O Y W O
Q P Y J O J X G U Q B E C B R A S V
J P E S E R V I C E X N O Z E K D P
U V S P E R F E C T J N N R N P O V
A C C E P T A B L E A H F L E Z R L
Q H N S H O L Y F U A H O A W G A X
Z B X A Z D E X R S L S R R I T B K
X E L C W I P M Z Q U K M M N L R P
D S P R E S E N T Q I V E E G E E S
X E W I M M L I V I N G D R I F T S
I E T F S U V F J A T P W C X P H F
V C V I H S B W N C M G M I I A R F
J H B C T L G G J P R O V E W T E Q
S R C E Z V R N C N E F O S K A N B
Y S H A M T R A N S F O R M E D T F
```

Puzzle : 20

```
A B W V I Q Y K N K N X F S J S I K
O L O N G E R S G V I L N F B O D C
G O E Y G K X N C N F T U B U A U Q B
N G Z J C O L D I G C C B E C O M E
G Y G J C C X M X P D P D Z C Y X M
W E R E G A R D T T J A E X O K G Z
S I T S N P X L B V U S X Q R Z O J
C H R I S T L W N O S S P V D E M Z
M T U I V B V Q P C R E A T I O N H
J G P W J O C N E W Y D M H N Y F K
R E H F L E S H I H X T V Q G L N O
M Q C T H I N G S N T I N D O N L O
J Z S W T N E W C L B S X H U O D W
V E K G K Y G Z S F A N Y O N E P K
R W C L B E H O L D A W A Y R C I U
```

Puzzle :21

```
G B P X O H N M Q I R J W M T W X X
C I O P T J J I U Q K T M I M W N N
W F S Q K T F N T J D P L U C P A P
C K S I F N E V K I N G D O M P R
O B E Y F X A W D E A R T H Y F B I
M P S X B W T R E A S U R E D E N E
Z N S I W U I V I S R A E L I T E S
T Q I J V B O H S L K Y Y F S B P T
B W O R D S N I L E W H O L E J X S
B X N X Y N F D U F X K I X G Z Y P
N F T U D W L D I X O X S R V B I E
Q U P Q C G C O V E N A N T G F A A
B L H V Y D V S O U N R D Y S F G K
Y L H X W C E V K S W G O S L I F N
D Y K E E P N X T M R R L B B B C H A
```

Puzzle :22

```
S F H B H Z O G X K M U L T I P L Y
A X Q I I L F Q O P O W N A F Y K A
I H E R B S I H O P G I J I O W M A
D U F D Q R S A F Q S Y M D O T O F
R E U B X N A Y R S E J D A V Y
E P X C V D P D L C U J T K B T I I
A V R S E A I Y L X Q Y A J M Y N G
D G U F J I L F Q L D X H Y O E G R
C R D J F R G R V S U O M L V G N X
S E U N H B U U Y D A J U P E N A H
T N A L E D I Q U N I W I T G D S
E N R S K C S T I X O I D B E A S T
I H I Y O Z B F E X A F Y Z B N P R
C Y T P O D F U X J H C M I T J S G
H Z E M Z F H L D M B B B M W N N K
```

Puzzle :23

```
V U E I P V M W S T Y P Q K L G L G
G D P N I A I J R U Y H R F V P U V
P B O W N O B L E S S T N M A N O L
Q C O I I O D R B B E S J B L J U C
N I J C Q O O K L V W K I N G D T S
G Z I K U B U E V Z B Y O I I M A Z
R E C E I V E D B M T G Y Z A A P O
C R O D T W O T V Z P Y H R O N G J
V F M N S V A I A P A T E B L S I
E R M E H P S C W V S S W V E U O Q
N L A S G J S E Y I T P R E P E N T
W Z N S O A H T G H U O I R U R K C
Q F D Q O C O R K B B K V S O X D Z
M R M S D O U I S R A E L E O P Q B
C A N Z C B T U Q N D N W D C W A L
```

Puzzle :24

```
P A K Z C U T Q X F E A R D M Q S P
Z B W F L G B N F K V X Q V G M B L
H F S X W T E K B D P G Z F U J S L
K U M I W R O C C Z D Y W N S E O K
I D D G E F V X Z L W E N E M I E S
N Z F O Z L E L H I L V G Y W S K B
K G N D O E S Q S C P V F X H W Z F
T S A W R S E S D A G D I M M A P H
G J M Z L H M U A F R A I D O L K N
Q L Y V H M E R C I F U L H S L V J
F I G H T I N G A S B E L H T O R F
W H F O A O P P R E S S E S Z W Z I
W I T U S G N R B G A D C L X R U G
Z G N K D T R U S T H H P S C X G H
T H K D D A Y B Z G Y W O O M O D T
```

114

Puzzle : 25

```
N E W S R H U T Y X W Q W X K R Q O
B X O B W Y D Q J F E A R E D R Y H
L R N M D Q W A J X T V Y L P P V Q
E Q D X E R S O N G R T G R U E O I
S F E P F P E P F N A T I O N S C X
S J R R C K A U H D R X K N D K I A
T R S F B P R Y D S O N G R E A T N
G Y D H I V T F K J M G L L C J K K
X P J Q Y C H E A W P R O C L A I M
S O Y U Q B Z U G O K K S O A Z L T
Z L G I S E C S G K I D R H R C R H
U S A L G R Q Q C U P N A M E D M N
T G L O R Y G O V K W X D P W X G
S S A L V A T I O N V T R B F K K J
I P R A I S E D N D T Y J A E D Q V
```

Puzzle : 26

```
K Q R A Y H H P T B E A U T Y M R N
W T I I P E F X A Q H F N Y A S K Z
G F K K D L W Z P J J E Z K I B J R
H Z G S A F E I K R T K I U O J N J
I L W Y H T E M P L E S N M M J A O
G C D Q H E R D D U S F H A D P D D
H O U S E O L O O F X K O P V C J Y
U A K E Z P H T U M X B W E T V A R
N D Z Q L U U P E B N H V L K H S Z
R A S Q R I O G S R L S L T K B J T
G Y A E B A F Q M K S E J F Q E I J
I S C L N P O E U M W E W H S P E H
F Z R O C K L O R D M K Y M I M V P
T F E R D W E L L I N G A W D D P K
B B D L T N X K D M I N W G T X E P
```

Puzzle : 27

```
G X R Z L F E L B L I G H T W J Q Z
P G L O R I O U S S H R E S O N N P
G E S H A R E H K Z S R Q X L B U B
S Q P T S U J D U Q U A L I F I E D
Q W T V F J O Y F U L B F W T Z N I
I N H E R I T A N C E K X W S O D C
D S T R E N G T H E N E D K W B U C
P Z H N H P V Z D O M I N I O N R F
N A G I V I N G Q E Y A V G R E A T
Z O T O V R S T J H H W W Z B A N B
Q C B I L F Z N F T J P V H E N C X
C H V R E S C U E D P E O P L E E W
N Y L E W N Y L V H B N F W R T R O
K M I G H T C Y T H N W J G E K J O
B R O U G H T E K I N G D O M R R I
```

Puzzle : 28

```
L O Y Z C I P C A O E A U T I U O V
T O H U S E W R A L V K C H Z A A P
Z Q E U D Q C P E H I L H A E L N S
P B S R L T O E T S D X R N S W X P
N E A U Q I Z A T M E V I K P A I R
J U A R E J O I C E N N S Q Y O A Y
G I L C D E G B L X T O T G K H S U
Q O E G E N T L E N E S S I H N S E
S I T U A T I O N U U M O V Y E A R
P Y P E T I T I O N M E I I J A G A
P E B T R A N S C E N D S N B R O I
X U N D E R S T A N D I N G D O R B
Q V T I R G T L R R R E Q U E S T S
U J U H M V L N T J Y U G M D V E L
E G B N A Q I H E A R T S O I T Q I
```

Puzzle : 29

```
B W F U J R C O M E X W S G O D I F
K B O C S P R X I X R V U F J W H R
J M E L I M X H O C O H L H X L F T
P H M E N F I H O Y E V E R Y O N E
U B L A C K I N G L Y Y E A R V T G
U K V R R T Z O Y A Y L S R R E F E
P S S N E Z I P W E P Z L U F T U U
Q F D J A K E G Y X G O T V P L S C
X W B T S E A R N E S T L Y N P O G
P R E S E N C E J I E F A I T H L W
X O Z U R S T R E N G T H E N R S Y
Y D G F A T H E R Z F A K N Z E X T
N I G H T M A K E L T B F N V Q X Y
B L A M E L E S S Y C T Y E R U B Q
M B S M M G A H I P Z Y A M E R J Q
```

Puzzle : 30

```
T R D W S T O R E H O U S E O G Y E
V Q B I M F D E C C R O A R Q S K O
L N D N L N M I D F E X V Q Z A W S
D Q J D B X Z V Z M B V O H S R B Z
E L O O F L R M L B U Q H E G I U R
V K U W Y I E E J M K S O A R U J G
O X Z S D G E S C U E X U V O P M X
U R P L Q E V L S E W H S E U O C D
R J R L E V S Q D I I Y E N U A S
E X O Q Z I C T Q P N V O C D R S V
R T V B M N A F R D Y G E A M E L I
F C E W W E J H R O O M A S H L A V
X W G E M A A J N N Y N I T Q E R Y
W H K E D V F R U I T K I L A O U H
D L V H D F J U C N S T U L G F T P
```

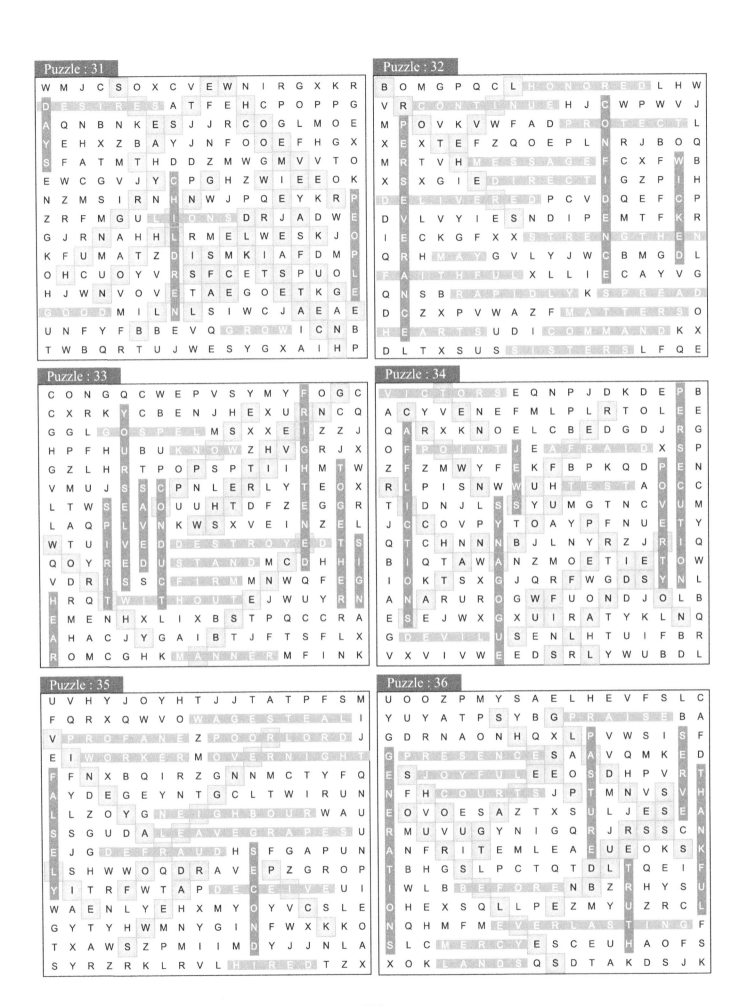

Puzzle : 31

Puzzle : 32

Puzzle : 33

Puzzle : 34

Puzzle : 35

Puzzle : 36

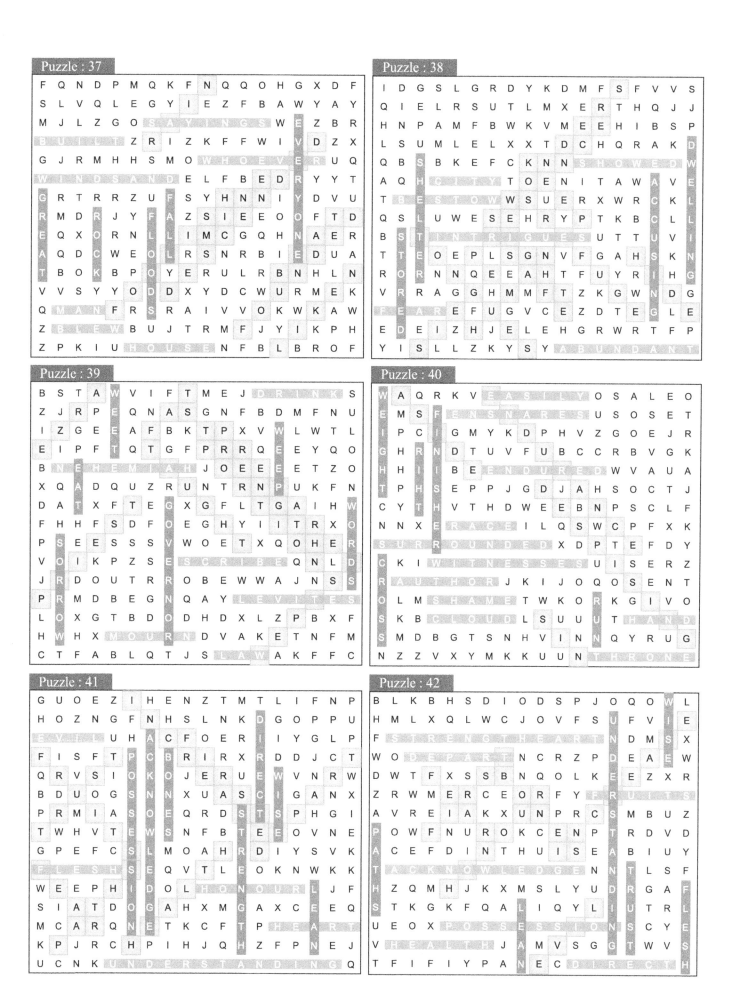

Puzzle : 37

```
F Q N D P M Q K F N Q Q O H G X D F
S L V Q L E G Y I E Z F B A W Y A Y
M J L Z G O S A Y I N G S W E Z B R
B U I L T Z R I Z K F F W I V D Z X
G J R M H H S M O W H O E V E R U Q
W I N D S A N D E L F B E D R Y Y T
G R T R R Z U F S Y H N N I D V U
R M D R J Y F A Z S I E E O F T D
E Q X O R N L L I M C G Q H N A E R
A Q D C W E O L R S N R B I E D U A
T B O K B P O Y E R U L R B N H L N
V V S Y Y O D D X Y D C W U R M E K
Q M A N F R S R A I V V O K W K A W
Z B L E W B U J T R M F J Y I K P H
Z P K I U H O U S E N F B L B R O F
```

Puzzle : 38

```
I D G S L G R D Y K D M F S F V V S
Q I E L R S U T L M X E R T H Q J J
H N P A M F B W K V M E E H I B S P
L S U M L E L X X T D C H Q R A K D
Q B S B K E F C K N N S H O W E D W
A Q H C I T Y T O E N I T A W A V E
T B E S T O W W S U E R X W R C K L
Q S L U W E S E H R Y P T K B C L L
B S T I N T R I G U E S U T T U V I
E T O E P L S G N V F G A H S K N
R O R N N Q E E A H T F U Y R I H G
V R R A G G H M M F T Z K G W N D G
F E A R E F U G V C E Z D T E G L E
E D E I Z H J E L E H G R W R T F P
Y I S L L Z K Y S Y A B U N D A N T
```

Puzzle : 39

```
B S T A W V I F T M E J D R I N K S
Z J R P E Q N A S G N F B D M F N U
I Z G E E A F B K T P X V W L W T L
E I P F T Q T G F P R R Q E E Y Q O
B N E H E M I A H J O E E E E T Z O
X Q A D Q U Z R U N T R N P U K F N
D A T X F T E G X G F L T G A I H W
F H H F S D F O E G H Y I I T R X O
P S E E S S S V W O E T X Q O H E R
V O I K P Z S E S C R I B E Q N L D
J R D O U T R R O B E W W A J N S S
P R M D B E G N Q A Y L E V I T E S
L O X G T B D O D H D X L 2 B X F
H W H X M O U R N D V A K E T N F M
C T F A B L Q T J S L A W A K F F C
```

Puzzle : 40

```
W A Q R K V E A S I L Y O S A L E O
E M S F E N S N A R E S U S O S E T
I P C I G M Y K D P H V Z G O E J R
G H R N D T U F U B C R B V G K
H H I I B E E N D U R E D W V A U A
T P H S E P P J G D J A H S O C T J
C Y T H V T D W E E B N P S C L F
N N X E R A C E I L Q S W C P F X K
S U R R O U N D E D X D P T E F D Y
C K I W I T N E S S E S U I S E R Z
R A U T H O R J K I J O Q O S E N T
O L M S H A M E T W K O R K G I V O
S K B C L O U D L S U U U T H A N D
S M D B G T S N H V I N N Q Y R U G
N Z Z V X Y M K K U U N T H R O N E
```

Puzzle : 41

```
G U O E Z I H E N Z T M T L I F N P
H O Z N G F N H S L N K D G O P P U
E V I L U H A C F O E R I I Y G L P
F I S F T P C B R I R X R D D J C T
Q R V S I O K O J E R U E W V N R W
B D U O G S N N X U A S C I G A N X
P R M I A S O E Q R D S T S P H G I
T W H V T E W S N F B T E E O V N E
G P E F C S L M O A H R D I Y S V K
F L E S H S E Q V T L E O K N W A K
W E E P H I D O L H O N O U R L J F
S I A T D O G A H X M G A X C E E Q
M C A R Q N E T K C F T P H E A R T
K P J R C H P I H J Q H Z F P N E J
U C N K U N D E R S T A N D I N G Q
```

Puzzle : 42

```
B L K B H S D I O D S P J Q Q O W L
H M L X Q L W C J O V F S U F V I E
F S T R E N G T H E A R T N D M S X
W O D E P A R T N C R Z P D E A E W
D W T F X S S B N Q O L K E E Z X R
Z R W M E R C E O R F Y F R U I T S
A V R E I A K X U N P R C S M B U Z
P O W F N U R O K C E N P T R D V D
A C E F D I N T H U I S E A B I U Y
T A C K N O W L E D G E N N T L S F
H Z Q M H J K X M S L Y U D R G A F
S T K G K F Q A L I Q Y L I U T R L
U E O X P O S S E S S I O N S C Y E
V H E A L T H J A M V S G G T W V S
T F I F I Y P A N E C D I R E C T H
```

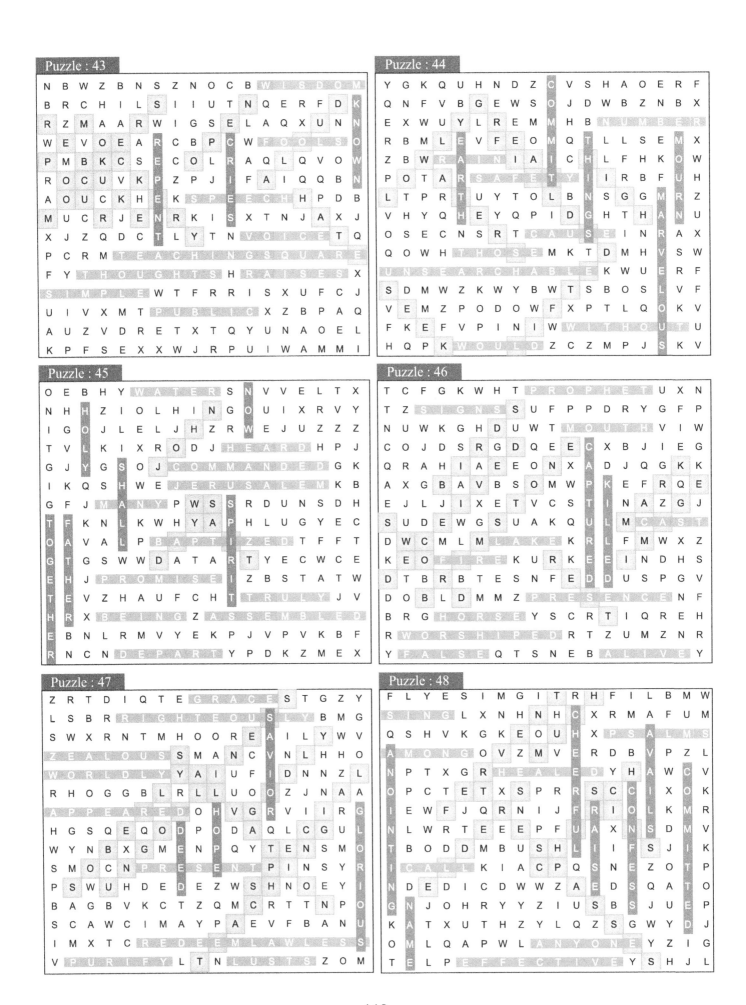

Puzzle : 43

```
N B W Z B N S Z N O C B W I S D O M
B R C H I L S I I U T N Q E R F D K
R Z M A A R W I G S E L A Q X U N N
W E V O E A R C B P C W F O O L S O
P M B K C S E C O L R A Q L Q V O W
R O C U V K P Z P J I F A I Q Q B N
A O U C K H E K S P E E C H H P D B
M U C R J E N R K I S X T N J A X J
X J Z Q D C T L Y T N V O I C E T Q
P C R M T E A C H I N G S Q U A R E
F Y T H O U G H T S H R A I S E S X
S I M P L E W T F R R I S X U F C J
U I V X M T P U B L I C X Z B P A Q
A U Z V D R E T X T Q Y U N A O E L
K P F S E X X W J R P U I W A M M I
```

Puzzle : 44

```
Y G K Q U H N D Z C V S H A O E R F
Q N F V B G E W S O J D W B Z N B X
E X W U Y L R E M M H B N U M B E R
R B M L E V F E O M Q T L L S E M X
Z B W R A I N I A I C H L F H K O W
P O T A R S A F E T Y I I R B F U H
V H Y Q H E Y Q P I D G H T H A N U
O S E C N S R T C A U S E I N R A X
Q O W H T H O S E M K T D M H V S W
U N S E A R C H A B L E K W U E R F
S D M W Z K W Y B W T S B O S L V F
V E M Z P O D O W F X P T L Q O K V
F K E F V P I N I W W I T H O U T H
H Q P K W O U L D Z C Z M P J S K V
```

Puzzle : 45

```
O E B H Y W A T E R S N V V E L T X
N H H Z I O L H I N G O U I X R V Y
I G O J L E L J H Z R W E J U Z Z Z
T V L K I X R O D J H E A R D H P J
G J Y G S O J C O M M A N D E D G K
I K Q S H W E J E R U S A L E M K B
G F J M A N Y P W S S R D U N S D H
T F K N L K W H Y A P H L U G Y E C
O A V A L P B A P T I Z E D T F F T
G T G S W W D A T A R T Y E C W C E
E H J P R O M I S E I Z B S T A T W
T E V Z H A U F C H T T R U L Y J V
H R X B E I N G Z A S S E M B L E D
E B N L R M V Y E K P J V P V K B F
R N C N D E P A R T Y P D K Z M E X
```

Puzzle : 46

```
T C F G K W H T P R O P H E T U X N
T Z S I G N S S U F P P D R Y G F P
N U W K G H D U W T M O U T H V I W
C O J D S R G D Q E E C X B J I E G
Q R A H I A E E O N X A D J Q G K K
A X G B A V B S O M W P K E F R Q E
E J L J I X E T V C S T I N A Z G J
S U D E W G S U A K Q U L M C A S T
D W C M L M L A K E K R L F M W X Z
K E O F I R E K U R K E E I N D H S
D T B R B T E S N F E D D U S P G V
D O B L D M M Z P R E S E N C E N F
B R G H O R S E Y S C R T I Q R E H
R W O R S H I P E D R T Z U M Z N R
Y F A L S E Q T S N E B A L I V E Y
```

Puzzle : 47

```
Z R T D I Q T E G R A C E S T G Z Y
L S B R R I G H T E O U S L Y B M G
S W X R N T M H O O R E A I L Y W V
Z E A L O U S S M A N C V N L H H O
W O R L D L Y Y A I U F I D N N Z L
R H O G G B L R L L U O O Z J N A A
A P P E A R E D O H V G R V I I R G
H G S Q E Q O D P O D A Q L C G U L
W Y N B X G M E N P Q Y T E N S M O
S M O C N P R E S E N T P I N S Y R
P S W U H D E D E Z W S H N O E Y I
B A G B V K C T Z Q M C R T T N P O
S C A W C I M A Y P A E V F B A N U
I M X T C R E D E E M L A W L E S S
V P U R I F Y L T N L U S T S Z O M
```

Puzzle : 48

```
F L Y E S I M G I T R H F I L B M W
S I N G L X N H N H C X R M A F U M
Q S H V K G K E O U H X P S A L M S
A M O N G O V Z M V E R D B V P Z L
N P T X G R H E A L E D Y H A W C V
O P C T E T X S P R R S C C I X O K
I E W F J Q R N I J F R I O L K M R
N L W R T E E E P F U A X N S D M V
T B O D D M B U S H L I I F S J I K
I C A L L K I A C P Q S N E Z O T P
N D E D I C D W W Z A E D S Q A T O
G N J O H R Y Y Z I U S B S J U E P
K A T X U T H Z Y L Q Z S G W Y D D
O M L Q A P W L A N Y O N E Y Z I G
T E L P E F F E C T I V E Y S H J L
```

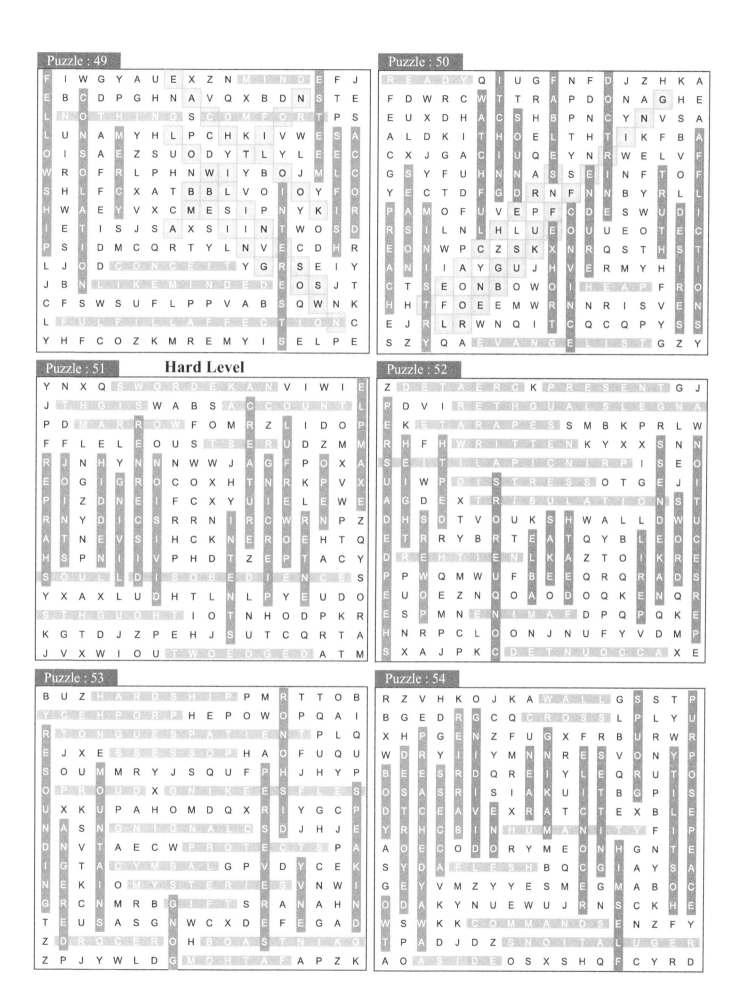

119

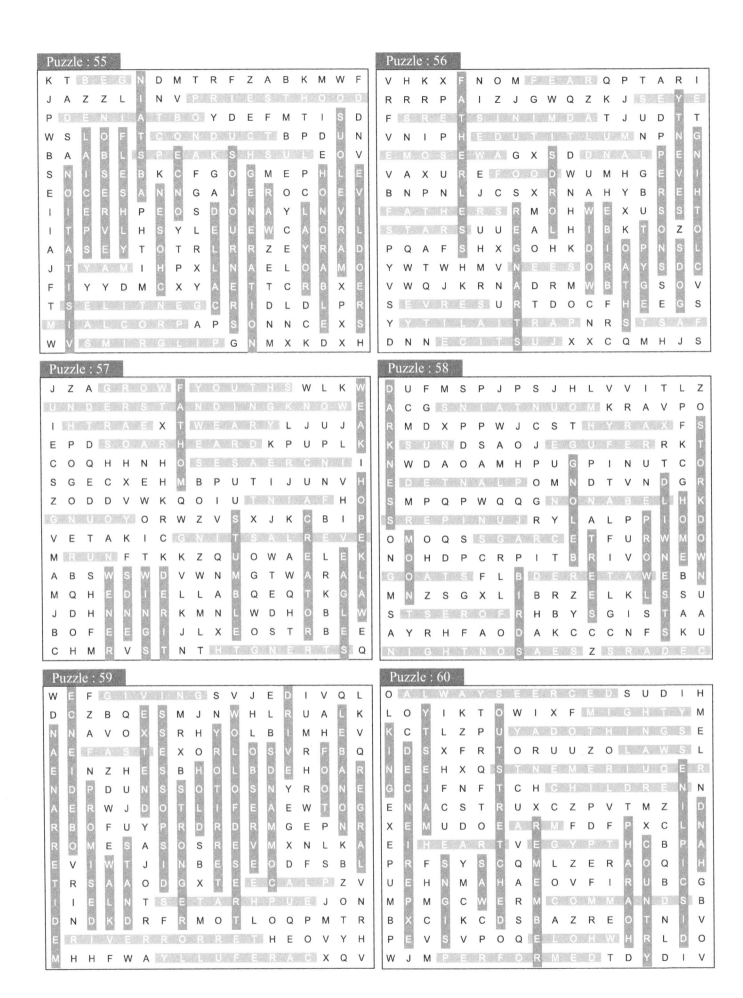

120

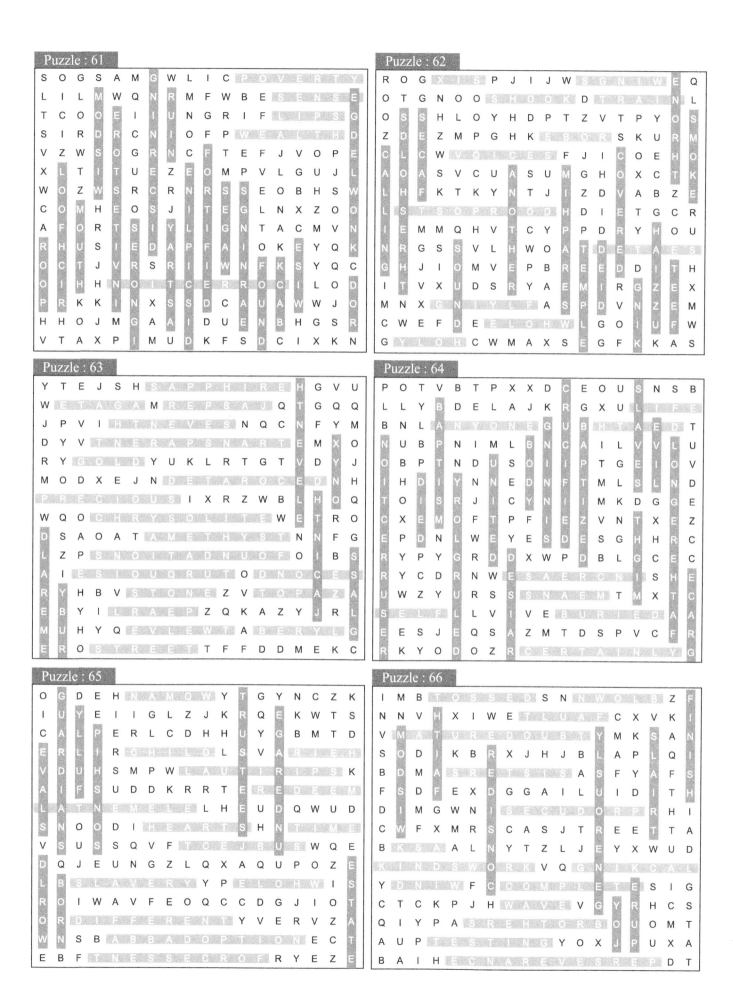

121

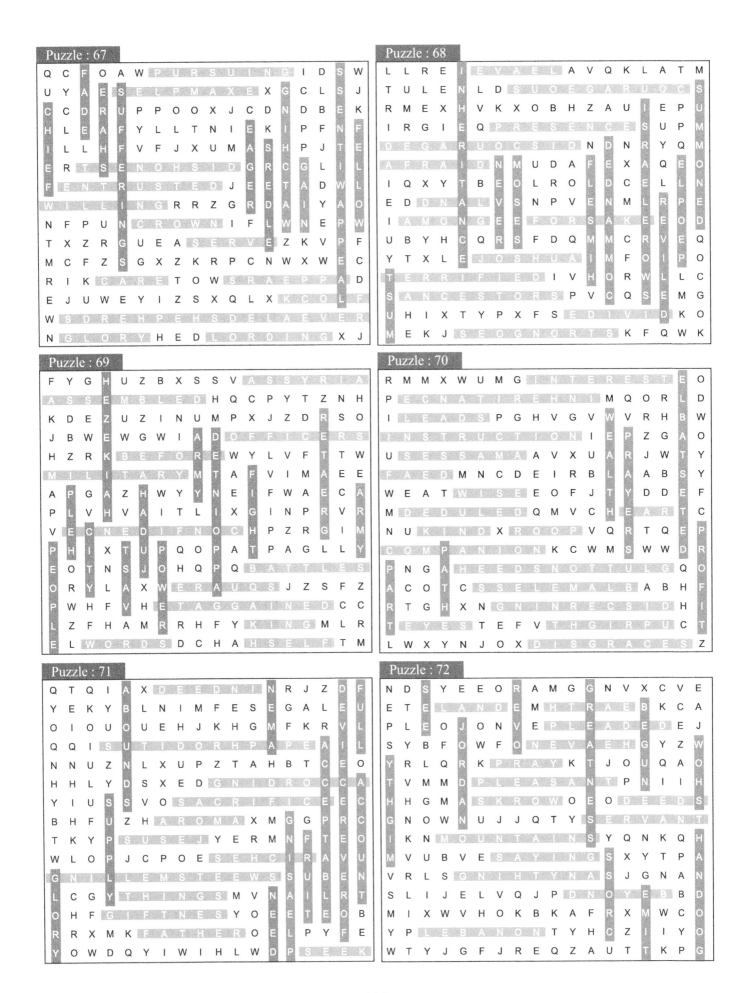

Puzzle : 67

Puzzle : 68

Puzzle : 69

Puzzle : 70

Puzzle : 71

Puzzle : 72

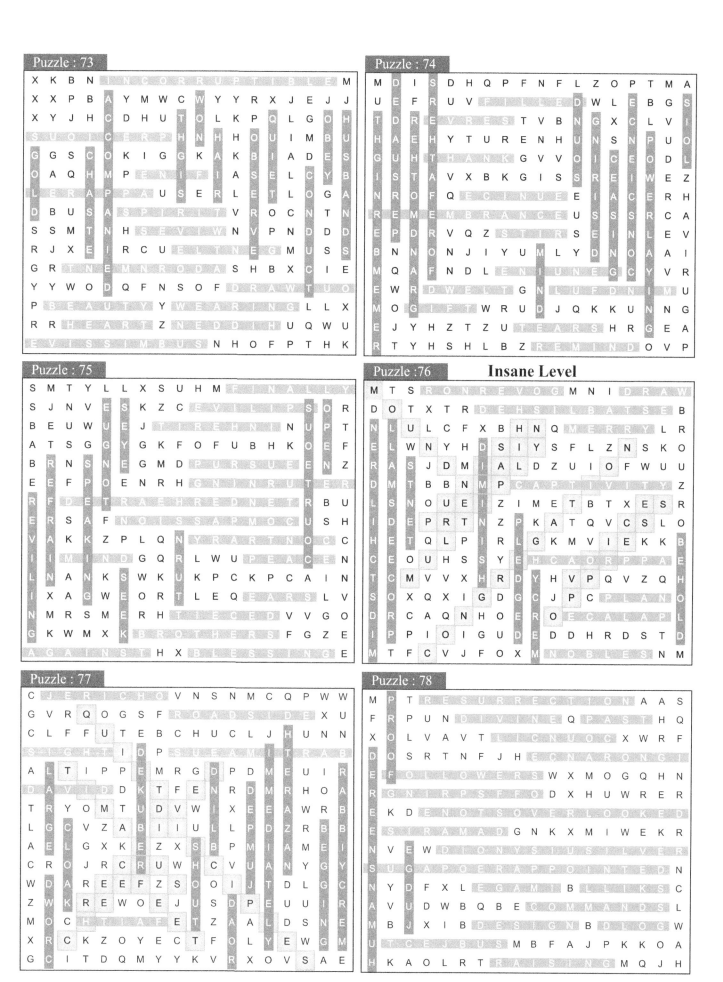

Puzzle : 73

Puzzle : 74

Puzzle : 75

Puzzle : 76   **Insane Level**

Puzzle : 77

Puzzle : 78

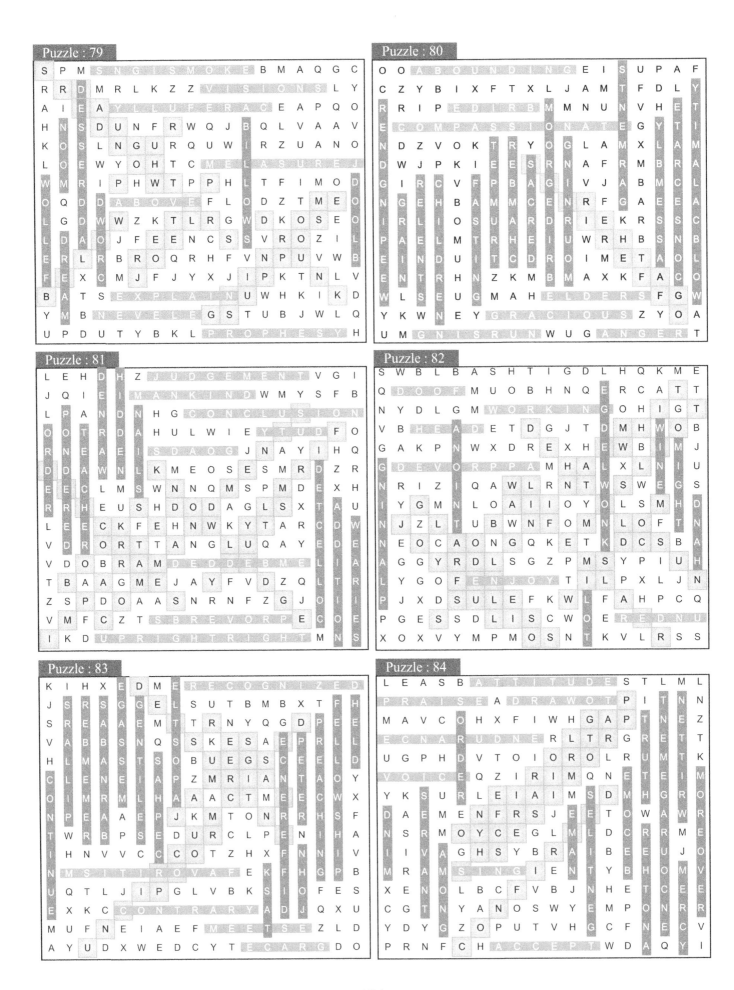

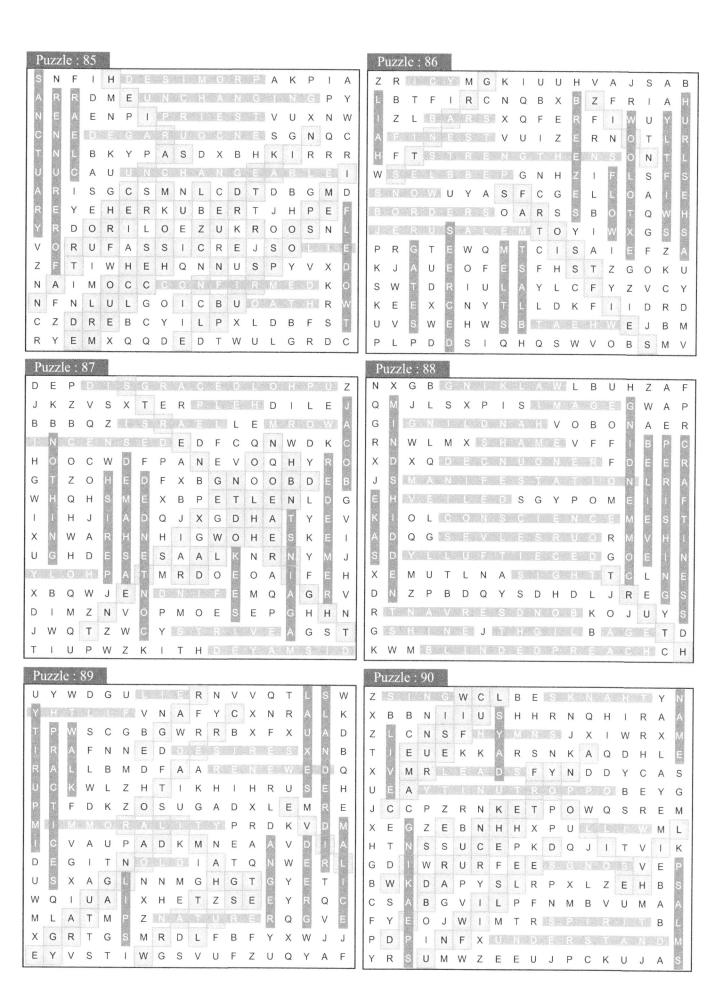

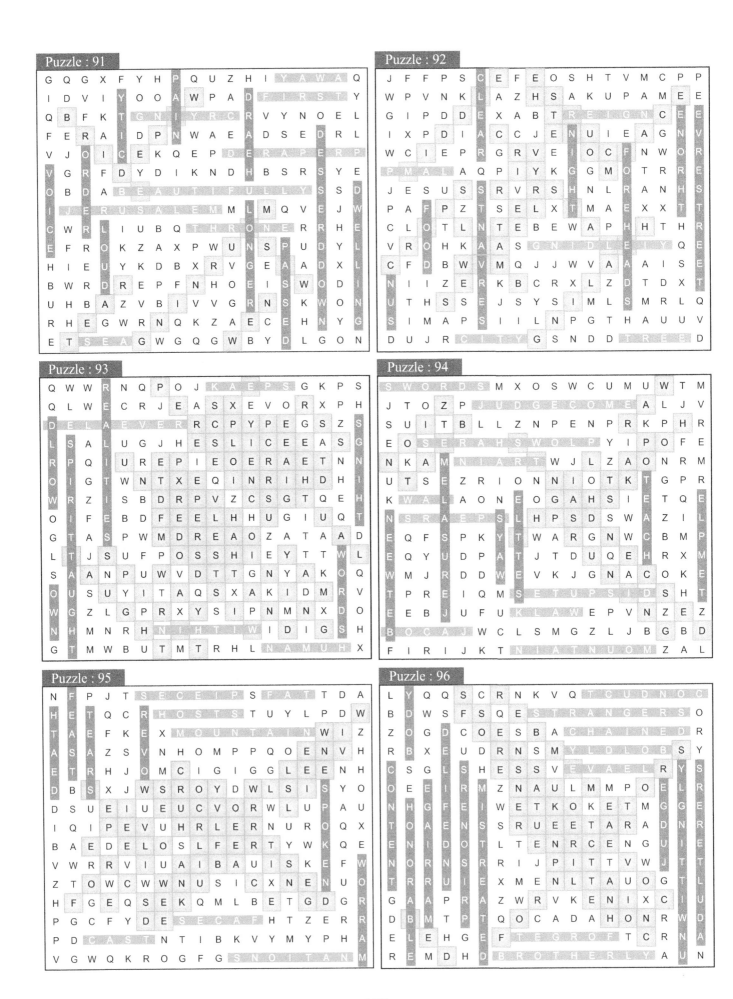

Puzzle : 91

Puzzle : 92

Puzzle : 93

Puzzle : 94

Puzzle : 95

Puzzle : 96

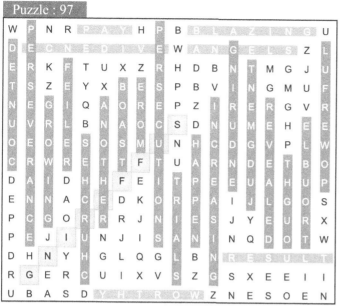

Puzzle : 97

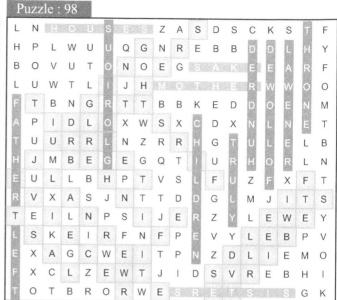

Puzzle : 98

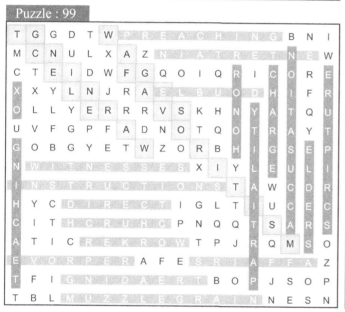

Puzzle : 99

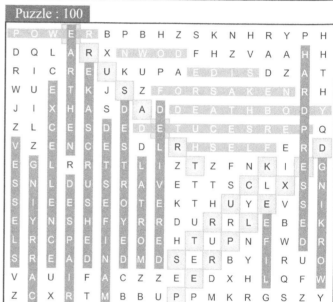

Puzzle : 100

Bonus

Puzzle : 101

127

Made in the USA
Middletown, DE
12 September 2023